번역의 정치학과 감성학

이 저서는 2022년 대한민국 교육부와 한국연구재단의 지원을 받아 수행된 연구임
(NRF-2022S1A5A2A03052171)

번역 속에서 언어와 권력,
감성이 다시 배치된다

번역은
단어의 이동이
아니라, 세계관의
교차다

안희돈 지음

번역의
정치학과 감성학

글로벌콘텐츠

책머리에

언어 너머의 번역:
의미·권력·감성을 조율하는 행위

이 책은 번역을 단순히 한 언어를 다른 언어로 옮기는 기술로 보지 않는다. 번역은 그 이상이다. 서로 다른 언어와 문화, 그리고 세계관이 교차하는 자리에서, 번역은 단어를 전환하는 행위가 아니라 의미를 조율하고, 타자를 이해하려는 지적이자 감성적인 실천이 된다. 그 과정에서 오해가 발생하기도 하고, 새로운 의미가 창조되기도 하며, 나아가 사회적 인식과 대중의 정서, 더 나아가 감성 분석의 방향에까지 영향을 미친다. 번역은 결국 언어와 권력, 감성과 정체성, 해석과 윤리가 얽혀 있는 사회적이며 정치적인 행위이다.

오늘날처럼 언어와 문화가 실시간으로 교차하는 시대에 번역의 역할은 그 어느 때보다 중요해졌다. 디지털 기술과 글로벌 미디어의 확산으로 우리는 전 세계의 콘텐츠를 자유롭게 소비하지만, 그 속에는 의미의 왜곡, 문화적 오해, 그리고 이념적 조작이 스며들어 있다. 따라서 번역은 이제 "어떻게 표현할 것인가"의 문제가 아니라 "누가 말하고 있는가" "어떤 의미가 중심이 되는가", "무엇이 정당한 해석으로 인정되는가", 그리고 "그 해석이 감성과 여론 형성에 어떻게 작용하는가"를 함께 묻는 정치적·사회적 질문의 장이 되었다.

이 책은 이러한 문제의식을 바탕으로 세 가지 이론적 관점을 중심에 둔다.

첫째, 기능주의 번역 이론을 통해 번역의 목적과 수용자 중심의 관점을 탐구한다. 둘째, 문화번역론의 관점에서 번역을 서로 다른 문화가 만나는 상호작용의 과정으로 이해한다. 셋째, 담론 분석적 접근을 통해 번역이 사회 현실을 어떻게 구성하고, 권력과 감성의 분배를 드러내는지를 추적한다.

책의 구성은 다음과 같다.

1장에서는 법정, 이민 절차, 난민 심문 등에서 발생하는 사례를 통해 번역과 해석의 차이가 법적 불이익과 언어 정의 문제로 어떻게 이어지는지를 살펴본다.

2장에서는 포츠담 선언, 카이로 선언, 유엔 결의문 등 국제 문서의 번역 오류가 정치적 해석의 충돌과 여론의 변화를 어떻게 촉발했는지를 분석한다.

3장에서는 '자유', '공화국', '자주', '민주주의'와 같은 이념어가 번역을 통해 어떻게 정치적 신화로 고착되고, 감성적 정체성을 형성하게 되었는지를 논의한다.

4장에서는 영화 제목 번역을 사례로 들어 문화적 조정 전략, 상업적 수용, 그리고 간접 번역의 문제를 종합적으로 검토한다.

이 책은 번역을 둘러싼 문화적·정치적·정서적 문제들을 다양한 실제 사례로 조명하며, 번역자를 단순한 언어 기술자가 아니라 사회적 의미와 감성을 선택하고 조율하는 해석의 주체로 규정한다. 번역자는 한 표현을 통해 현실 인식의 틀과 감성의 방향을 바꿀 수 있는 존재이기에, 번역에는 언제나 윤리적 책임이 따른다.

궁극적으로 이 책은 독자가 언어의 표면 너머에 숨은 의미·권력·감성의 구조를 섬세하게 감지하고, 세계를 비판적으로 읽어내는 통찰과 감수성을 기르기를 바란다.

이 책의 주요 내용은 모두커뮤니케이션에서 전자책으로 먼저 출간되었으며, 이번 종이책에서는 일부 내용을 수정·보완하였다. 책의 바탕이 된 연구는 2021년 4월 22일 조선대학교 재난인문학연구사업단 초청 특강 「인류세 언어학이란 무엇인가」에서 출발하여, 2025년 5월 21일 건국대학교 교양강의 「언어와 문화」 초청 특강의 내용을 중심으로 다듬어졌다.

강의실에서의 사유와 대화가 집필로 이어질 수 있도록 소중한 기회를 열어 주신 건국대학교 중문과 당윤희 교수님, 영문과 오은혜 교수님, 국문과 오재혁 교수님께 깊은 감사를 드린다.

마침 이번 학기에 정년을 맞이하며, 오랜 세월 품어 온 번역에 대한 사유를 한 권의 학술서로 정리할 수 있었음은 한국연구재단의 연구 지원과 건국대학교의 저술 지원 덕분이라 생각한다. 지난 35년간 나의 강의를 진심으로 경청하며 수많은 영감을 준 건국대학교 영어영문학과 학생들에게, 이 책을 바친다.

차례

제4장_ 대중문화 — 영화 제목에 담긴 감성과 전략

총론

총론

번역은 결코 중립적이지 않다

말은 어떻게 세계를 바꾸는가

번역은 종종 한 언어를 다른 언어로 '옮기는' 기술로 이해된다. 그러나 이 책이 바라보는 번역은 그보다 훨씬 넓고 깊다. 번역은 단어를 바꾸는 기계적 절차가 아니라, 서로 다른 언어와 문화, 세계관이 맞닿는 자리에서 이루어지는 의미와 감성의 조율이다. 번역자는 그 자리에서 단순한 중계자가 아니라, 의미를 선택하고 감정을 빚어내며, 때로는 사회와 역사의 흐름에 파문을 남기는 행위자다.

이 과정에서 번역은 결코 중립적일 수 없다. 단어 하나, 어순 하나, 어감 하나가 듣는 이의 마음을 움직이고, 특정한 현실을 가능하게 만들며, 나아가 권력의 방향을 바꿀 수 있다. 법정에서의 통역, 외교 문서의 번역, 정치 연설의 번안, 대중문화 속 제목의 변주까지 — 모든 번역은 그 안에 감성, 이념, 권력, 그리고 문화적 기억을 담고 있다.

이 책이 전하는 핵심 메시지는 단순하다. 번역은 단어의 교환이 아니라, 현실과 인식, 감정과 여론을 함께 재구성하는 사회적·정치적 사건이라는 것이다.

1장은 법정 통역의 세계로 들어간다. 미국 법정에서 이민자들이 경험한 통역 오류 사례는, 문화적 말하기 방식이 법적 언어로 변환되는 과정에서 얼마나 쉽게 오해될 수 있는지를 보여준다. 절제된 감정 표현이 무심함으로, 감정을 드러내는 표현이 자백으로 읽히는 순간, 번역은 법적 판결뿐 아니라 피고인에 대한 정서적 평가까지 바꿔 놓는다.

2장은 외교 번역이 만들어내는 감정의 지형을 그린다. 유엔 결의문, 냉전 시기의 외교 문서, 분단국 승인 논의 속에서 번역의 사소한 차이 — 'such'의 누락, 정관사 해석의 미묘한 변형 — 가 어떻게 국가 간의 오해와 신뢰의 붕괴, 대중의 분노나 불안을 촉발했는지를 보여준다. 번역은 국제 정치의 '숨은 건축가'이자, 국가 감성의 조율자다.

3장은 한국 정치 담론 속 '자유'라는 단어의 여정을 추적한다. 헌법과 교육, 정치 연설 속 '자유민주주의'는 반공주의·시장경제·국가 정체성과 결합하며, 특정 진영의 권위를 정당화하는 언어로 자리 잡았다. freedom과 liberty가 모두 '자유'로 번역되며, 의미의 결이 뒤섞이고, 집단의 감정과 정체성이 그 안에서 재편되었다. 미국·프랑스·

북한의 사례를 함께 살펴보면, 보편적 가치처럼 보이는 단어도 번역과 반복을 통해 권력과 감성의 도구가 될 수 있음을 알 수 있다.

4장은 영화 제목 번역이 만들어내는 기대와 몰입의 세계를 다룬다. 단어 하나의 선택은 관객이 영화를 어떻게 느끼고, 어떤 장르로 기대하며, 어느 문화의 코드 속에서 받아들일지를 좌우한다. 동음이의어, 고유명사의 축약, 직역과 의역의 경계에서 번역자는 상업성, 문화적 수용, 그리고 관객의 감정을 모두 저울질한다. 실패한 선택은 문화적 오해뿐 아니라 감성적 단절로 이어진다.

이 책은 언어학, 번역학, 법학, 정치학, 문화연구를 넘나들며, 번역은 곧 해석이며, 해석은 곧 권력이고, 동시에 감성을 다루는 섬세한 예술임을 드러낸다. 번역자는 단순히 '옮기는 사람'이 아니라, 의미와 감정을 배치하고, 어떤 현실을 드러낼지 혹은 가릴지를 결정하는 해석의 주체다. 무엇을 번역하고, 무엇을 번역하지 않을지를 결정하는 순간마다, 윤리와 권력, 그리고 사회적 감성이 얽혀 있다.

궁극적으로, 이 책은 독자가 언어의 표면 너머에서 작동하는 권력과 감성의 구조를 민감하게 읽어내고, 번역이라는 행위가 만들어내는 보이지 않는 파장을 스스로 해석할 수 있는 감수성을 키우기를 바란다. 그것이 번역을 이해한다는 것, 그리고 언어를 통해 세계를 새롭게 읽는다는 것의 의미다.

번역의
정치학과
감성학

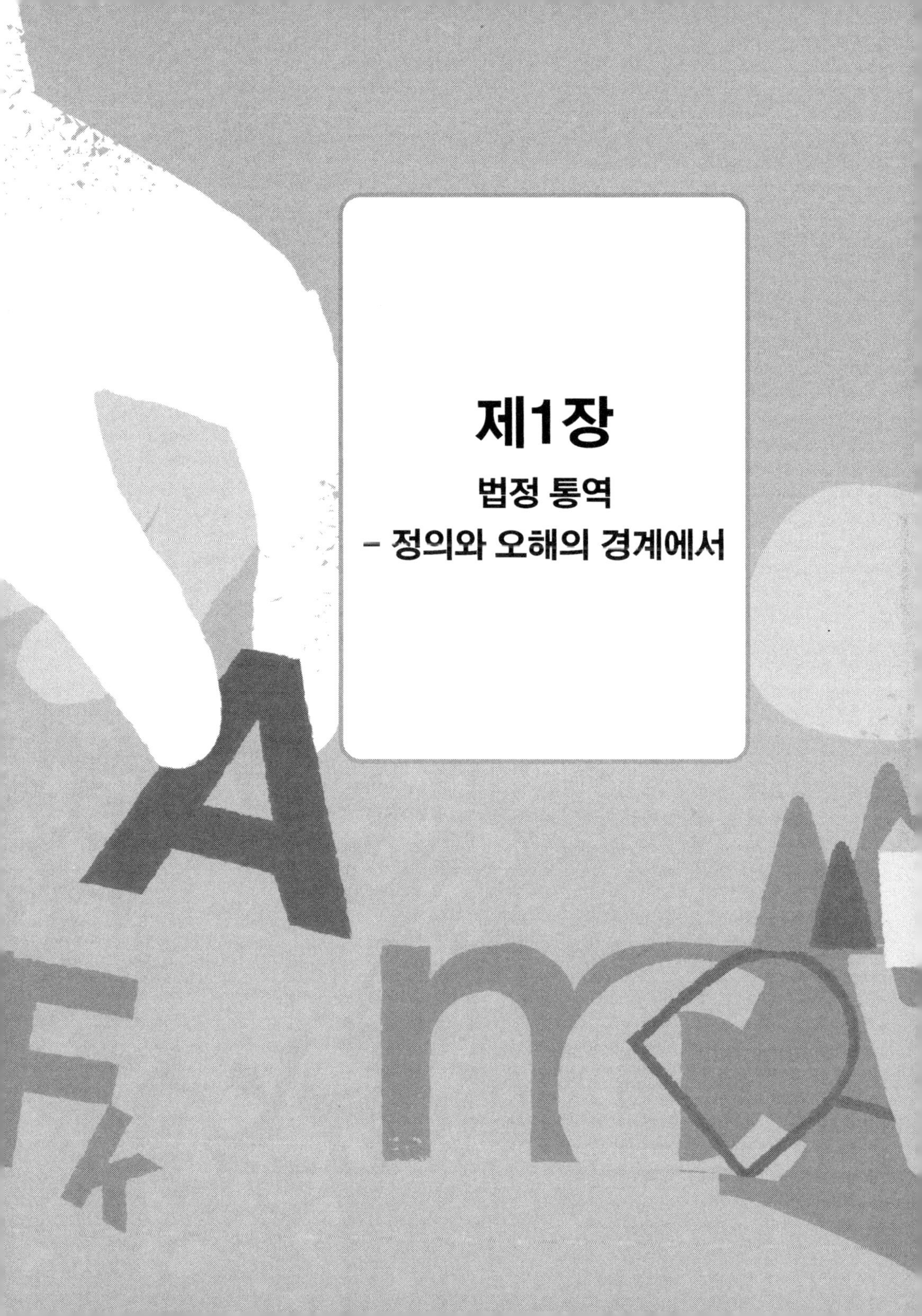

제1장

법정 통역
- 정의와 오해의 경계에서

제1장

법정 통역—정의와 오해의 경계에서

1.1. 서론: 법정에서 빚어지는 언어·문화·감성의 오해

오늘날 우리는 수많은 언어와 문화가 공존하는 다문화 사회 속에 살고 있다. 이러한 변화는 법정처럼 언어의 정확성과 절차의 엄정함이 요구되는 공간에서도 예외가 아니다. 특히 영어권 국가에서 영어를 모국어로 하지 않는 사람들이 피고인, 증인, 혹은 피해자의 자격으로 법정에 서는 일은 점점 더 흔해지고 있다. 그러나 이들의 발언은 단순히 발음이나 어휘의 문제가 아니라, 감정 표현의 양식, 발화의 전략, 그리고 문화적 기대의 차이로 인해 전혀 다른 의미로 해석될 수 있다. 그 미세한 차이가 사건의 본질을 왜곡하고, 때로는 재판의 결과를 바꾸어 놓는다.

이 장에서는 이러한 언어적·문화적 오해가 실제 재판에서 어떤 결과를 낳았는지를 구체적 사례를 통해 살펴본다. 예를 들어, 한국어의 '죽이다'와 영어의 kill은 표면적으로 대응하는 것처럼 보이지만, 행위의 주체와 책임의 정도를 표현하는 방식에서 중요한 차이를 지닌다. 이러한 차이는 증언의 뉘앙스를 왜곡시켜, 사건의 사실관계에 대한 오판으로 이어질 수 있다.

또한 일본, 멕시코, 베트남 등 다양한 문화권 출신 인물들이 미국 법정에서 겪은 실제 통역 오류 사례를 살펴보면, 통역이 단순한 언어 변환의 기술이 아님을 알 수 있다. 그것은 감성의 해석이자 세계관의 조율, 곧 윤리적 실천의 영역이다. 통역사가 선택한 한 단어, 한 어조가 법정의 분위기를 바꾸고, 배심원의 정서를 흔들며, 피고인에 대한 인식에 미묘하지만 결정적인 영향을 미칠 수 있다.

이 장이 던지는 메시지는 명확하다. 공정한 재판은 언어적 민감성과 문화적 이해 위에 세워진다. 법정 통역은 단순한 전달이 아니라, 의미를 해석하고 감성을 중재하는 행위다. 그리고 그 해석의 윤리적 책임은 통역사 개인에게만 국한되지 않는다. 그것은 판사와 변호사, 나아가 사회 전체가 함께 짊어져야 할 공적 책무이자, 정의의 언어가 진정한 의미로 작동하기 위한 최소한의 조건이다.

1.2. 법적 오역:
단어 하나가 운명을 가르다

세계화의 흐름 속에서 서로 다른 언어와 문화권의 사람들이 낯선 법정에 서는 일은 이제 더 이상 드문 일이 아니다. 특히 영어를 모국어로 하지 않는 사람들은, 가장 불리한 순간에 가장 익숙하지 않은 언어로 자신을 변호해야 하는 상황에 놓이곤 한다. 그러나 그 과정에서 한마디 말이 잘못 이해되거나, 그 속에 깃든 감정과 문화적 맥락이 누락되면, 진실은 전혀 다른 의미로 번역되어 인생을 송두리째 뒤바꾸는 결과를 낳을 수 있다.

1992년 미국에서 벌어진 한 사건은 이 문제의 심각성을 극명하게 보여준다. 주인공은 한국계 미국인 여성 A씨였다. 그는 어린 아들 둘과 살고 있었는데, 어느 날 외출 중 집 안의 책장이 넘어져 큰 아이가 그 아래 깔리는 사고가 발생했다. 집으로 돌아온 A씨는 참혹한 현장을 목격하고, 아이를 끌어안은 채 오열하며 이렇게 말했다.

> "I killed my son. It's my fault."
> ("내가 우리 아들을 죽였어요. 내 탓이에요.")

그러나 이 말을 들은 경찰은 그녀의 절규를 고의적 살인의 자백으로 받아들였고, A씨는 아동학대 및 과실치사 혐의로 체포되었다. 이 발언은 수사와 재판 내내 결정적 증거로 사용되었고, 배심원들은 이를 명확한 자백으로 해석하여 유죄 평결을 내렸다. 결국 그녀는 20년 형을 선고받았다.

하지만 한국어의 표현 체계와 문화적 정서를 이해하는 사람이라면, 이 말의 의미가 전혀 나르다는 것을 즉시 일아차릴 수 있었을 깃이다. 한국어에서 "내가 죽였다" 혹은 "내 탓이다"는 문장은 실제 살해의 고백이 아니다. 그것은 사랑하는 이를 지키지 못한 죄책감과 애도의 언어, 즉 자기 비난을 통한 감정의 발화이다. A씨의 영어 표현 또한 바로 그 감정적 구조를 영어로 옮긴 것이었다. 그러나 미국의 수사기관과 법원은 그 속에 담긴 문화적 함의를 읽어내지 못했고, 그녀는 가장 비통한 순간에 살인자로 낙인찍혔다. 수년 뒤 사면을 받고 풀려날 때까지, 그 오역은 그녀의 삶을 깊은 상처로 남겼다.

이 사건은 우리에게 뼈아픈 질문을 던진다.

"단어 하나, 번역 하나가 한 사람의 운명을 가를 수 있다면, 우리는 그 말을 얼마나 섬세하고 정확하게 이해하고 있는가?"

법정 통역은 단순한 언어의 치환이 아니다. 그것은 발화자의 감정, 문화, 삶의 맥락을 함께 옮기는 해석의 행위다. 이 해석이 어긋나는 순간, 그것은 단순한 오해가 아니라 정의의 절차 자체가 무너지는 순간이 된다.

1.3. 언어학적 분석:
사역 표현과 의미의 간극

앞서 살펴본 사건은 단순히 단어 하나를 잘못 옮긴 번역 실수가 아니었다. 그것은 언어 구조와 문화적 표현 방식, 그리고 감정의 전달 양식이 복합적으로 얽히며 빚어진 구조적 오해였다. 특히 사역 표현(causative expression)—즉, 어떤 주체가 특정 행위를 '일으키게 한다'는 의미를 담는 동사—는 언어마다 형성 원리와 사용 규칙이 다르다. 이 미묘한 차이는 법적·사회적 맥락에서 치명적인 오역의 원인이 되곤 한다.

사역 동사는 간단히 말해 '~하게 하다', '~하게 만들다'의 뜻을 내포한다. 예를 들어 한국어의 "죽이다"는 '죽게 만들다', "먹이다"는 '먹게 하다'라는 의미를 가진다. 그러나 영어와 한국어는 이러한 사역 구조를 형성하고 해석하는 방식, 그리고 그 안에 담긴 의도나 감정의 폭에서 뚜렷한 차이를 보인다.

사역 동사는 대체로 다음 세 유형으로 구분할 수 있다.

1. 형태가 완전히 다른 단어 쌍

- 영어: kill (죽이다) vs. die (죽다), feed (먹이다) vs. eat (먹다)
- 한국어: 살해하다 vs. 사망하다

→ 이러한 유형의 사역 동사는 대체로 고의적이거나 직접적인 행위를 가리킨다.

2. 같은 어근에서 파생된 단어 쌍
   - 영어: enrich (풍요롭게 하다) vs. rich (부유한)
   - 한국어: 죽이다 vs. 죽다, 먹이다 vs. 먹다

   → 이 경우, 행위의 원인 제공뿐 아니라 감정적 책임과 연민의 뉘앙스까지 담을 수 있다.

3. 겉보기에는 동일하나 문맥에 따라 의미가 달라지는 단어
   - 영어: break (깨다/깨지다), grow (기르다/자라다)
   - 한국어: 움직이다, 멈추다

   → 문맥이 의미를 결정하므로, 해석 과정에서 섬세한 판단이 필요하다.

이제 다시 한국어의 "죽이다"를 보자. 표면적으로는 '살해하다'라는 의미를 가질 수 있지만, 실제 대화 속에서는 '지키지 못했다', '내 잘못이다'라는 자책과 애도의 감정을 표현하는 말로 자주 쓰인다. 한국어 화자가 "내가 죽였어"라고 말할 때, 그 문장은 단순한 사실 진술이 아니라 감정의 무게를 품은 발화이다.

반면 영어의 kill은 독립된 어휘로서, 대체로 물리적이고 고의적인

행위를 가리킨다. 따라서 영어 화자는 "I killed my son"을 듣는 순간, 그것을 행위의 직접적 자백으로 받아들이기 쉽다.

A씨 사건에서 그녀의 발화는 본래 애도와 죄책감의 언어였으나, 영어권 법정에서는 그것이 살인의 자백으로 번역·인식되었다. 한국어의 감정적 사역 구조와 영어의 행위 중심적 구조 사이의 간극이, 문화적 오해와 법적 불의를 함께 낳은 것이다.

이 사례는 중요한 사실을 일깨운다. 통역과 번역은 단어의 치환이 아니라, 언어 구조·문화·감정을 통합적으로 이해하고 재현하는 해석의 행위라는 점이다. 그 섬세한 차이를 간과하는 순간, 한 사람의 운명은 전혀 다른 의미로 재구성될 수 있다. 그리고 그 결과의 책임은 통역사 개인을 넘어, 법과 제도, 그리고 그 언어가 작동하는 사회 전체가 함께 져야 할 몫이다.

1.4. 유사 사례 비교 분석: 감정의 언어가 자백으로 오역될 때

앞서 살펴본 한국계 미국인 A씨 사건은, 슬픔과 죄책감을 담은 말 한마디가 영어권 법정에서 살인의 자백으로 오해된 대표적 사례였다. 그 말은 사랑하는 이를 지키지 못한 깊은 자책에서 비롯된 것이었지만, 문화적 배경이 배제된 채 문자 그대로 번역되면서, 범죄를 인정하는 증언으로 둔갑했다. 이처럼 언어 표현의 문화적 차이는 말한 사람의 본래 의도와 전혀 다른 해석을 낳을 수 있으며, 특히 법정이라는 공간에서는 그 결과가 치명적이다.

이번 절에서는 A씨 사례와 유사하게, 일본계·멕시코계 이민자들이 영어를 사용할 때 겪은 오해 사례를 살펴본다. 이들 역시 영어가 모국어가 아니었으며, 자신들의 문화에서 익숙한 말하기 방식을 영어로 직역하거나 직설적으로 옮겼다가 의도치 않게 불리한 법적 해석을 받았다. 어떤 경우에는 애도의 표현이 '사전 계획된 범행'으로, 혹은 상황을 완화하려는 발언이 '죄의 인정'으로 해석되었다.

법정에서의 발언은 문법적 정확성과 사전적 의미만으로 평가될 수 없다. 그 말이 어떤 문화적 맥락 속에서 태어났는지, 어떤 감정의 무게를 지니고 있는지를 함께 읽어야 한다. 그러나 현실의 재판 과정에서 이러한 문화적 배경은 종종 부차적인 것으로 취급되거나, 아예 고려되지 않는다. 그 결과, 감정의 언어는 증거의 언어로 오인되고, 문화적 차이는 법적 불이익으로 변질된다.

다음에 소개할 사례들은, 이러한 해석의 충돌이 실제 재판에서 얼마나 결정적인 영향을 미칠 수 있는지를 보여준다. 이를 통해 우리는 법정 언어 해석이 얼마나 섬세하고 조심스러워야 하는지, 그리고 그 과정에서 문화적 이해가 왜 필수적인 윤리적 요소인지를 다시금 확인하게 될 것이다.

1.4.1. 일본계 미국인의 "It just slipped out"

2003년 미국 캘리포니아주. 일본계 미국인 남성 A씨는 고속도로 주행 중 앞차를 들이받는 추돌 사고를 일으켰고, 그 충격으로 앞차 운전자가 사망하는 안타까운 결과가 발생했다. 사고 직후, 경찰 조사에서 그는 눈물을 머금은 채 같은 말을 반복했다.

> "I'm so sorry… It just slipped out. I wasn't paying attention."
> ("정말 죄송합니다… 저도 모르게 그렇게 됐어요. 제가 주의를 못 했습니다.")

A씨는 일본어와 일본식 표현에 익숙한 환경에서 자라난 인물이었다. 그의 말은 단순한 사과를 넘어, 당황과 충격 속에서 스스로를 탓하며 상황의 안타까움을 드러내는 정서적 표현이었다. 특히 "It just slipped out"은 일본어 「うっかりしてしまった」(무심코 그렇게 되어버렸다)와 유사한 뉘앙스를 지닌다. 여기에는 고의성이 없었고, 불행한 상황에 대한 깊은 유감이 담겨 있었다.

그러나 미국 경찰과 검찰은 이 발언을 다르게 받아들였다. 영어권 법정에서 slipped out이나 I wasn't paying attention은 자기 과실을 인정하는 표현으로 해석되기 쉽다. 문화적 함의를 고려하지 않은 채, 그의 말은 '주의 의무를 다하지 않았다'는 결정적 증거로 변환되었다.

변호인은 이 표현이 일본 문화권에서는 감정을 담은 사과와 책임감의 표현이지, 법적 자백이 아님을 설명했다. 그러나 배심원단은 이를 받아들이지 않았다. 결국 A씨는 과실치사 혐의로 기소되어, 집행유예 3년, 사회봉사 200시간, 운전면허 정지, 심리치료 이수 명령을 받았다.

이 사건은 앞서 소개한 한국계 미국인 A씨 사례와 마찬가지로, 정서 표현이 문화적 번역의 오류를 거쳐 법적 자백으로 둔갑하는 과정을 적나라하게 보여준다. 언어를 문자 그대로만 해석하는 순간, 말 속에 담긴 감정과 문화적 배경은 삭제되고, 남는 것은 차갑고 단정적인 '증거'뿐이다. 이는 곧, 법정에서의 언어 해석이 얼마나 섬세하고 문화적으로 민감해야 하는지를 다시금 일깨워준다.

1.4.2. 멕시코계 이민자의 "I pay him back"

2010년, 미국 텍사스주의 한 공사 현장에서 멕시코계 이민자 B씨는 동료와 금전 문제로 심한 언쟁을 벌이다 몸싸움으로 번졌다. B씨는 불법 체류자 신분이었고, 영어 실력이 부족해 주로 스페인어로 의사소통을 했다.

사건 직후 그는 흥분한 상태로 같은 말을 반복했다.

> "He tricked me. I pay him back. I will pay him back, you know?"
> ("그가 나를 속였어요. 내가 그 값을 치르게 할 거예요. 꼭 갚을 거예요, 알겠죠?")

표면적으로 보면, 이 발언은 보복을 암시하는 위협처럼 들린다. 검찰은 이를 B씨가 계획적으로 폭력을 행사했다는 증거로 제시했고, 단순 폭행이 아니라 '보복 의도'를 가진 가중처벌 사건으로 재판을 몰아갔다.

그러나 스페인어권 문화, 특히 멕시코 북부 지역에서 같은 의미의 "Le voy a pagar"라는 표현은 반드시 폭력을 뜻하지 않는다. 그것은 배신당한 감정, 무너진 자존심을 회복하려는 의지, 혹은 정당한 대우를 요구하는 정서적·명예 중심의 표현으로도 널리 쓰인다.

B씨 역시 수사 과정에서 이렇게 해명했다.

> "I don't mean hurt. Just... I feel bad. He lied to me. I want justice."
> ("다치게 하려던 건 아니었어요. 그냥 너무 기분이 나빴어요. 그가 나를 속였고, 저는 정당한 대우를 받고 싶었어요.")

하지만 이 해명은 재판에서 힘을 얻지 못했다. 통역은 pay back을 문자 그대로 번역했을 뿐, 비유적 의미나 문화적 함의를 충분히 전달하지 못했다. 그 결과, B씨의 말은 배심원들의 귀에 '폭력적 보복 의사'로만 남았고, 그는 징역 18개월형과 함께 추방 명령을 받았다. 결국 그는 가족과 생이별을 해야 했다.

이 사건은 명예 중심의 언어 문화와 영미권 법정의 문자 중심 해석 사이에 놓인 깊은 간극을 드러낸다. 감정적·비유적 표현이, 문화적 배경이 다른 청자에게는 곧바로 위협적이거나 폭력적인 말로 오인될 수 있음을 보여주는 사례다. 그리고 이러한 간극을 메우지 못했을 때, 번역은 단순한 오해를 넘어 한 사람의 삶을 송두리째 뒤흔드는 도구가 될 수 있다.

1.4.3. 요약: 문화 담화와 법적 해석의 충돌

지금까지 살펴본 한국계, 일본계, 멕시코계 이민자의 사례는 모두 정서적이거나 비유적인 표현이 법정에서는 자백이나 고의로 해석된 경우였다. 세 사람 모두 본래는 자신의 감정이나 상황을 표현한 것이었지만, 그 문화적 맥락이 배제된 채 번역되면서, 법적 책임을 인정하는 발언으로 변질되었다.

[표 1] 문화적 발화와 법적 해석의 충돌 사례 요약

사례	발화 내용	문화적 의도	영어 법정의 해석	법적 결과
한국계 여성	"I killed my son."	죄책감과 애도	살인 자백	1급 살인 유죄 → 이후 사면
일본계 남성	"It just slipped out."	무의도적 실수(うっかり)	과실 인정	과실치사 유죄, 집행유예
멕시코계 남성	"I pay him back."	감정 표현/명예 회복	보복 의도	징역 18개월, 추방

[문화 담화에서 법적 오해까지: 해석의 흐름]

- 자국 문화 안에서 감정 중심 혹은 비유적 표현 사용
- 통역 과정에서 맥락이 생략되고 문자 그대로 번역
- 영어 법정에서는 문장 구조와 단어 의미 중심의 해석
- 결과적으로 정서적 표현이 자백이나 고의로 오해됨

→ 유죄 판결, 가중처벌, 심리적·사회적 피해 초래

이 절이 전하는 메시지는 분명하다. 말은 단지 단어의 나열이 아니라, 그 사람의 문화와 감성, 삶의 방식이 담긴 표현이다. 이를 이해하지 못한 해석은 단순한 오역이 아니라, 정의 자체를 왜곡시키는 위험한 결과를 낳을 수 있다.

정의로운 재판을 위해서는 사전적 의미를 넘어, 발화가 태어난 문화적 배경과 맥락을 읽어내는 해석의 감수성이 필요하다. 법정 통역 역시 이러한 문화 감수성과 함께, 발화의 진의를 충실히 전달하려는 윤리적 책임을 가져야만 한다.

1.5. 추가 사례: 문화적 표현이 범죄 언어로 바뀔 때

우리는 흔히 말을 단순한 정보 전달의 도구로 생각한다. 그러나 실

제로 말은 감성, 가치관, 정체성을 드러내는 문화적 행위이기도 하다. 특히 다문화 사회에서는 말하는 방식 자체가 그 사람이 살아온 환경과 문화를 고스란히 반영한다.

문제는 이러한 문화적 말하기 방식이 법정이나 수사기관 같은 공적·권위적 공간에 들어가면 전혀 다른 의미로 재해석될 수 있다는 점이다. 특히 영어권 중심의 미국 법제도에서는, 간접적 표현이나 정서 중심의 화법, 예의상 덧붙이는 말조차도 위증, 자백, 협박, 공범 인정 등 심각한 법적 의미로 전환되곤 한다.

예를 들어, 한 이민자가 "그럴 수도 있겠네요"라고 말했을 때, 본래는 '확신이 없다'는 뜻이었지만 법정에서는 사실관계 인정으로 받아들여진 경우가 있었다. 또 다른 사례에서는, "가족이 걱정돼서 그랬어요"라는 말이 협박을 방조한 동기로 해석되기도 했다.

실제로 베트남, 중국, 필리핀, 아프리카계 이민자들의 사례를 살펴보면, 각자의 문화에서 자연스럽고 정서적인 표현이 미국 법정에서는 오해되고 불리한 판단으로 이어진 경우가 적지 않았다. 그 이유는, 해석 과정에서 발화의 문화적 배경과 언어 습관이 고려되지 않고, 오직 표면적인 의미에만 의존한 판단이 내려졌기 때문이다.

이 절에서는 이러한 사례들을 하나씩 검토하며, 법적 언어 해석에 필수적인 문화 감수성과 윤리적 해석 책임에 대해 함께 생각해 보고자 한다. 결국, 문화적 맥락이 빠진 해석은 단순한 언어 문제를 넘어, 정의를 위협하는 구조적 문제로 이어질 수 있음을 보여줄 것이다.

1.5.1. 베트남계 여성의 "I didn't say no"

미국에서 성폭력 피해를 당한 베트남계 여성 A씨는 경찰 조사에서 같은 말을 여러 번 반복했다.

> "I didn't say no."
> ("나는 '안 돼'라고 말하지 않았어요.")

미국 수사기관은 이 발언을 거절하지 않았으니 동의한 것으로 해석했고, 가해자 측 역시 피해자가 동의했을 가능성이 있다고 주장했다.

그러나 A씨가 자란 베트남 문화에서는, 여성의 직접적인 거절은 오히려 무례하거나 부적절하다고 여겨질 때가 많다. 대신 몸을 피하거나, 울거나, 침묵하는 방식으로 비언어적 거절을 표현하는 것이 사회적으로 더 자연스럽다. A씨의 말은 '나는 '예(Yes)'라고 말하지 않았다', 즉 분명히 동의하지 않았다는 뜻이었다.

하지만 이러한 문화적 배경은 법정에서 충분히 고려되지 않았다. 미국 법제도의 맥락에서 "I didn't say no"는 말 그대로 'No라고 말하지 않았다'는 문장으로만 읽히고, 그 안의 함의나 비언어적 거절의 관습은 번역과 해석 과정에서 완전히 누락되었다.

결국 피해자의 진술은 의도와 다르게 법적 기록에 남았고, 사건의 진행 방향에도 치명적인 영향을 미쳤다. 이 사례는 문화적 차이를 무시한 해석이 피해자에게 2차 피해를 안길 수 있음을 적나라하게 보여준다. 법적 언어 해석에서 문화 감수성과 맥락적 이해가 결여될 때, 정의는 그 의미를 잃고 피해자의 목소리는 침묵 속에 묻혀버린다.

1.5.2. 중국계 이민자의 "I don't remember"

중국계 이민자 B씨는 미국 이민국의 비자 위조 사건 조사에 참고인으로 소환되었다. 그는 영어가 유창하지 않았고, 조사 과정에서 질문에 대해 자주 이렇게 대답했다.

"I don't remember."

"I'm not sure."

"Maybe."

그러나 조사관들은 이러한 발언을 의도적인 회피 또는 위증으로 해석했다. 결국 그는 단순 참고인에서 비협조적인 피의자로 분류되었고, 나아가 위증 혐의까지 추가되었다.

하지만 중국 문화에서는 확실하지 않은 사실을 단정적으로 말하지 않는 것이 신중하고 책임 있는 태도로 여겨진다. "我记不清了(기억이 분명하지 않아요)"와 같은 표현은 무지를 가장하거나 회피하기 위한 말이 아니라, 실수를 피하고 상대에 대한 예의를 지키려는 발언인 경우가 많다.

B씨의 발언도 바로 이런 맥락에서 나온 것이었다. 그러나 통역 과정에서 문화적 뉘앙스는 사라지고, 문자 그대로만 전달되었다. 그 결과 법정과 조사기관은 그를 신뢰할 수 없는 인물로 판단했고, 이는 사건 진행과 법적 처벌에 중대한 영향을 미쳤다.

이 사례는, 발화의 문화적 배경을 고려하지 않은 해석이 어떻게 사실 판단의 방향을 왜곡하고, 불필요한 법적 불이익을 초래하는지를 잘 보여준다. 단어는 같아도, 그 의미를 결정하는 것은 언어 구조뿐 아니라 화자가 속한 문화와 관습, 그리고 그 순간의 감정임을 잊지 말아야 한다.

1.5.3. 필리핀계 간병인의 “I saw her die”

필리핀계 이민자 A씨는 미국의 한 요양시설에서 간병인으로 일하던 중, 돌보던 노인이 갑작스럽게 사망하는 사건을 겪었다. 사건 직후 조사에서 그는 침착하게 이렇게 진술했다.

> “I was there. I saw her die.”
> (“저는 그 자리에 있었고, 그녀가 돌아가시는 것을 봤습니다.”)

표면적으로 이 발언은 ‘현장에 있었지만 아무런 조치를 취하지 않았다’는 뜻처럼 들릴 수 있다. 실제로 법정에서는 이 표현을 방임 또는 방관 가능성을 시사하는 발언으로 해석했다.

그러나 필리핀 간병인 교육과 직업 윤리에서는, 발생한 상황을 시간 순서에 따라 침착하게 보고하는 것이 성실하고 책임 있는 태도로 간주된다. A씨의 발언도 이러한 문화적·직업적 규범에 따라, 있는 그대로 사실을 전달한 것이었다. 실제로 그는 응급콜을 하고 CPR(심폐소생술)도 시도한 것으로 드러났다.

그럼에도 불구하고, 이러한 문화적 표현 방식은 법정에서 무대응·방조의 자백처럼 오해되었다. 번역 과정에서 직업적 맥락과 문화적 배경이 배제된 채, 문장 그대로만 전달되었기 때문이다. 결과적으로 이 오해는 법적 판단에서 A씨에게 불리하게 작용했다.

이 사례는, 사실 전달을 중시하는 문화의 발화가 책임 회피나 무책임의 신호로 잘못 읽힐 수 있음을 보여준다. 법정에서의 언어 해석은 단순한 의미 전달을 넘어, 발화자가 속한 문화적 규범과 직업적 맥락을 함께 고려해야 한다는 점을 다시금 일깨운다.

1.5.4. 아프리카계 난민의 “I gave her to him”

동아프리카 출신 난민 M씨는 고향에서 딸을 성인 남성과 결혼시키는 데 동의한 적이 있었다. 수년 뒤 미국 이민 절차 과정에서 이 사실이 문제로 불거졌고, 조사에서 그는 이렇게 말했다.

> “I gave her to him.”
> (“나는 딸을 그에게 주었다.”)

이 표현은 미국 수사관의 귀에 딸을 소유물처럼 취급했다는 의미로 들렸다. 심지어 아동 강제결혼이나 인신매매 혐의 가능성까지 제기되었다.

그러나 동아프리카 문화에서 이 표현은 결혼을 허락했다는 뜻이며, 가족과 가족 간의 사회적 연합을 나타내는 전통적인 화법이다. 여기서 '주다'는 소유권 이전이 아니라, 결혼이라는 사회적·문화적 제도를 설명하는 관습적 표현이다.

한국어에도 유사한 표현이 있다.

"제가 딸을 보내드렸습니다."

"따님을 저에게 주십시오."

이런 표현을 듣고 이를 인신매매로 받아들이는 사람은 없다. 그러나 미국의 개인주의적 해석 틀과 법적 언어 환경에서는, 이런 말이 곧 타인의 자유와 권리를 침해한 행위로 오해될 수 있다.

M씨는 최종적으로 혐의를 벗었지만, 그 과정에서 망명 심사와 이민 절차에서 심각한 불이익을 받을 뻔했다. 이 사례는, 문화적 표현이 법적 문맥에서 범죄 언어로 변질되는 과정을 선명하게 보여준다. 발화의 의미를 온전히 이해하기 위해서는, 그 언어가 태어난 문화적 토양과 사회적 관습을 함께 읽어내는 노력이 반드시 필요하다.

1.5.5. 요약: 문화적 표현의 법정 오해

지금까지 살펴본 사례들은, 문화적으로 자연스럽고 정서적인 표현이 법정에서는 자백·고의·협박·위증 등으로 오해되며 심각한 법적 결과로 이어질 수 있음을 보여준다.

[표 2] 사례별 발화와 해석 비교

사례	발화 표현	문화적 의도	미국 법적 해석	왜곡 요인
한국계	I killed my son	자책과 애도	살인 자백	감정 표현 무시
일본계	It just slipped out	말실수, 부주의	자백 또는 과실	심리학적 해석 투사
멕시코계	I pay him back	감정 표현, 명예 회복	보복 위협	관용 표현 직역
베트남계	I didn't say no	침묵 통한 거절	동의로 간주	비언어 표현무시
중국계	I don't remember	신중한 태도	회피/위증	문화적 회피 전략 오해
필리핀계	I saw her die	목격 진술	방관 또는 책임 시사	정중한 보고 과잉 해석
아프리카계	I gave her to him	결혼 허락	인신매매 혐의	동사의 문화적 의미 무시

이 사례들은 하나같이 우리에게 중요한 사실을 일깨운다. 말은 단

지 언어가 아니라 문화이며, 해석은 단순한 의미 분석이 아니라 사회적 책임이라는 것이다.

공정한 재판과 정의로운 해석을 위해서는 단어의 사전적 뜻만이 아니라, 그 말이 어떤 문화 속에서, 어떤 상황에서 발화되었는지까지 함께 고려해야 한다. 그래야 억울한 오해와 법적 실패를 막을 수 있다.

판사, 검사, 변호사, 통역사 모두가 이러한 문화적 감수성과 해석적 책임을 공유할 때, 비로소 말 한마디가 사람의 운명을 바꾸는 부당한 결과를 줄일 수 있을 것이다.

1.6. 법정 통역의 윤리와 책임

지금까지의 사례들이 보여주듯, 법정에서 발생하는 해석의 오류는 단순한 번역의 실수가 아니라, 언어와 문화의 차이에서 비롯된 구조적 오해일 때가 많다. 그리고 그 오해는 한 개인의 삶을 송두리째 뒤바꿀 만큼 치명적일 수 있다.

법정이라는 제도적이고 결정적인 공간에서 통역은 단순한 언어 변환의 기술이 아니다. 그것은 화자의 정체성과 의도를 정확히 해석하여 전달하는 행위, 곧 해석의 윤리를 요구하는 실천이다. 이 점에서 통역자는 단순한 언어의 매개자가 아니라, 법적 정의의 한 축을 담당하는 윤리적 해석자라 할 수 있다.

법정 통역의 가장 기본 원칙은 흔히 '정확성(accuracy)'이라 말하지만, 단어를 문자 그대로 옮긴다고 해서 의미가 온전히 전달되는 것은 아니다. 말은 화자의 의도와 감정, 그리고 문화적 맥락 속에서 비로소 의미를 갖는다. 이 배경이 배제된 문자적 번역은 정확함을 가장한 오해가 되며, 때로는 정의를 왜곡시키는 위험한 도구로 작동할 수 있다.

따라서 통역자는 단어의 표면적 의미를 보존하는 데 그치지 않고, 그 말이 어떤 문화적 질서 속에서 발화되었는지, 청자가 어떤 감정적·사회적 맥락에서 그것을 받아들일지까지 고려해야 한다. 통역의 윤리란 곧 이러한 문화 감수성과 해석의 책임을 포함한다.

이를 위해 통역자는 단순한 언어 능력을 넘어, 해당 언어 공동체의 문화적 의미 체계, 표현 양식, 담화 관습에 대한 깊은 이해를 갖추어야 한다. 문화언어학, 담화 분석, 비교 화용론 등 인문학적 지식이 실무적 차원에서 결합되어야 하며, 특히 문화 차이가 판결에 직접적 영향을 미칠 수 있는 형사 재판이나 난민 심사의 경우, 문화 전문가의 자문이 반드시 필요하다.

또한 영어가 모국어가 아닌 피고인에게는 자신의 발언이 통역 과정을 통해 어떻게 번역되고, 그것이 법적으로 어떤 의미로 해석될 수 있는지를 사전에 충분히 안내해야 한다. 이는 단순한 절차적 친절이 아니라, 언어적 약자의 권리를 보장하고 의미의 왜곡을 예방하는 최소한의 제도적 장치다.

결국 법정 통역은 절차를 보조하는 부차적 기능이 아니라, 정의를 실현하는 핵심 조건이다. 통역자는 발화의 표면만이 아니라 그 속에 깃든 감정, 문화, 세계관을 함께 전달해야 하며, 오직 그러할 때에만 공정한 판단이 가능해진다. 다문화 사회에서 통역은 진실과 오해, 책임과 무죄를 가르는 언어적 정의의 경계선 위에 서 있다.

요컨대 법정 통역은 서로 다른 언어·문화·권력의 경계에서 의미를 조율하는 윤리적 해석 행위다. '정확성'만으로는 충분치 않으며, 통역자는 화자의 의도와 정체성을 책임 있게 해석하고, 그 의미를 온전히 전달해야 한다. 통역은 정보를 옮기는 기술이 아니라, 한 인간의 존엄과 삶을 지키는 공공의 윤리여야 한다.

1.7. 법적 언어와 사법 담화의 비교 언어학

법정에서 쓰이는 언어는 단순히 정보를 전달하는 말이 아니다. 그것은 문화, 제도, 책임 표현 방식이 함께 얽혀 있는 해석의 도구다. 그래서 여러 언어가 함께 쓰이는 법정에서는, 단어 하나하나보다 그 말이 어떤 문화적 맥락에서 나왔는지가 훨씬 더 중요하게 작용한다.

이 절에서는 영어, 한국어, 일본어의 법정 담화 특징을 비교하면서, 그 구조적 차이가 실제로 어떤 오해나 판단 오류를 불러오는지를 살펴보려 한다.

영어권 법정에서 가장 중요하게 보는 것은 의도(intent)와 명확한 표현(clarity)이다. 피고가 어떤 마음으로 그런 말을 했는지, 범행을 고의로 저질렀는지를 명확한 언어로 판단하려 한다. 자백이나 책임 인정은 반드시 직설적이고 구체적인 언어로 표현되어야 한다.

예를 들면 다음과 같은 표현들이 있다:

- "I killed him" → 고의적 살인의 자백
- "I take full responsibility" → 법적·도덕적 책임 인정
- "I intended to…" → 범행의 의도를 드러냄
- "It was my fault" → 실수를 자발적으로 인정하고 책임을 수용함

이런 말들은 영어권에서는 중요한 증거로 받아들여진다. 하지만 다른 문화에서는 이러한 표현이 단순히 감정적인 반성이나 도덕적 자책일 수 있다. 그래서 영어가 모국어가 아닌 사람이 자신의 감정을 표현한 말이 법적 자백처럼 오해되는 위험이 존재한다.

반면 한국어에서는 말할 때 감정을 담아 말하거나, 간접적으로 표현하는 방식이 흔하다. 그래서 법정에서도 "제가 죽였어요" 같은 말이 실제 범죄 고백이 아니라, 누군가를 지키지 못한 자책일 수 있다.

예를 들면 다음과 같다:

"제가 죽였어요" → 실제 범행보다 죄책감과 슬픔의 표현
"제 잘못이에요" → 법적 책임보다 감정적 책임 인식
"책임지겠습니다" → 법적 책임이라기보다 도덕적 반성

하지만 이런 표현을 영어로 번역하면 감정과 맥락이 사라지고, 문장만 남는다. 그 결과, 미국 법정에서는 이러한 말이 명확한 자백으로 받아들여질 수 있다. 그래서 말의 표면만 보고 판단하면, 전혀 다른 의미로 해석될 위험이 크다.

한편 일본어는 한국어보다 더 간접적인 표현을 많이 쓴다. 주어를 생략하거나 수동 표현을 활용해 말을 돌려서 하는 문화적 습관이 법정 담화에도 그대로 반영된다. 또, 자책과 겸손의 표현도 매우 자주 등장한다.

예를 들면 다음과 같은 말이 있다:

- 「~されました」, 「~ことになりました」 → 자신보다 상황 탓으로 돌리는 표현
- 「申し訳ございません」, 「反省しています」 → 정중한 사과와 반성의 말투
- 「私がやりました」 → 실제 자백보다는 책임감을 표현한 정형화된 표현

이런 표현은 일본 사회에서는 예의 바르고 책임감 있는 태도로 받아들여진다. 하지만 영어로 번역하면, "I did it"처럼 명시적인 자백으로 해석되기 쉽다. 그래서 일본어 발화는 내용 자체보다 문화적 맥락을 고려해 해석해야 한다.

아래는 세 언어의 법정 담화 특징을 간략히 비교한 표다:

[표 3] 영어, 한국어, 일본어의 법정 담화 비교

항목	영어	한국어	일본어
표현 방식	직접적	감정 중심, 간접적	우회적, 겸손 중심
의도 표현	명시적 (I intended to)	자책형 ("제가 못했어요")	비의도형 ("うっかりしました")
책임 표현	법적·도덕적 책임 구분	감정적 책임과 혼재	겸손이 고의처럼 보일 수 있음
해석 위험	낮음	높음	매우 높음

이 표에서 보듯, 같은 문장이라도 언어와 문화에 따라 해석이 전혀 달라질 수 있다. 특히 한국어나 일본어처럼 감정적이거나 간접적인 표현은, 영어권 법정에서는 자백이나 고의성의 증거로 오해될 위험이 높다.

결국, 법정에서 이루어지는 통역과 번역은 단순히 말을 바꾸는 작업이 아니다. 그것은 서로 다른 언어와 문화 사이의 해석 간극을 윤리적으로 조정하고 메우는 실천이다. 정의로운 재판이 이루어지기 위해서는, 말의 표면뿐 아니라 그 말이 가진 문화적 의미와 표현 맥락까지 함께 이해하려는 노력이 반드시 필요하다.

1.8. 문화언어학과 법철학의 만남

여러 언어가 공존하는 법정에서 통역과 번역은 단순한 언어 능력의 문제가 아니다. 그것은 곧 "우리는 어떻게 타인의 말을 이해할 수 있는가", "정의로운 해석이란 무엇인가"라는 근본적 물음과 맞닿아 있다.

이 절에서는 한스게오르크 가다머(Hans-Georg Gadamer)와 폴 리쾨르(Paul Ricoeur)의 사상을 바탕으로, 법정에서 언어가 어떻게 해석되어야 하며, 그 해석이 정의와 어떤 관계를 맺는지를 탐구하고자 한다.

가다머는 이해를 단순히 타인의 말을 반복하거나 재현하는 행위로 보지 않았다. 그는 이해를 서로 다른 삶의 세계가 만나는 '대화적 사건'으로 보았다. 따라서 통역자는 단순한 언어의 매개자가 아니라, 서로 다른 세계관과 경험을 이어주는 해석의 다리가 되어야 한다. 이해란 타인의 세계에 흡수되는 것이 아니라, 대화 속에서 새로운 의미의 지평이 열리는 과정이기 때문이다.[1]

리쾨르는 언어를 단순한 정보 전달 수단이 아니라 인간의 정체성과 책임이 드러나는 실존적 행위로 이해했다. “제가 책임지겠습니다”라는 말은 단순한 예의나 절차상의 표현이 아니라, 말하는 사람이 자신의 존재와 윤리적 태도를 드러내는 응답의 언어이다. 따라서 이러한 발화를 해석할 때에는 문법이나 어휘의 차원을 넘어, 그 말이 발화된 상황과 감정, 그리고 관계의 맥락까지 함께 고려해야 한다.[2]

법은 객관성과 일관성을 중시한다. 그러나 다언어·다문화 사회에서 ‘객관성’이라는 이름의 해석 기준은 종종 단일한 의미의 강요로 변질되며, 타 문화의 표현 방식을 ‘오류’나 ‘비논리’로 간주하는 위험을 내포한다.

예를 들어 한국어 화자가 “제가 죽였어요”라고 말할 때, 이는 사랑하는 이를 지키지 못한 죄책감의 표현일 가능성이 크다. 그러나 영어권 법정에서 이 문장은 흔히 고의적 살인의 자백으로 해석된다. 문화적 맥락이 삭제된 ‘중립적 해석’은 정의를 보장하기는커녕, 오히려 정의를 왜곡할 수 있다.

이 지점에서 제기되는 핵심 개념이 바로 ‘언어 정의(linguistic

---

1 Gadamer, Hans-Georg. 2004. *Truth and Method*. Translated by Joel Weinsheimer and Donald G. Marshall. 2nd rev. ed. London: Continuum.

2 Ricoeur, Paul. 1996. *On Translation*. Translated by Eileen Brennan. London: Routledge. Ricoeur, Paul. 2004. *The Conflict of Interpretations: Essays in Hermeneutics*. Edited by Don Ihde. London: Continuum.

justice)'이다. 언어 정의란 단순히 발언의 기회를 평등하게 주는 것을 넘어, 그 발언이 문화적 맥락 속에서 공정하게 해석될 권리를 포함한다. 진정한 언어 정의를 위해서는 다음의 세 가지 조건이 필요하다.

1. 문화적 맥락을 고려한 해석의 보장
   사람의 말은 그가 속한 문화와 상황을 반영한다. 잘못된 통역이나 번역으로 불이익을 받지 않도록 제도적 보호 장치가 마련되어야 한다.
2. 감정적 표현의 정당한 존중
   애도, 반성, 죄책감 등 감정이 담긴 발화는 법정에서 '비논리적 진술'로 배제되어서는 안 되며, 해석의 자원으로 존중되어야 한다.
3. 통역자의 해석적 책임
   통역자와 번역자는 단순한 '중립적 전달자'가 아니라, 의미 형성에 참여하는 해석의 공동 주체임을 인식해야 한다.

이 세 가지 조건은 단순한 기술적 문제를 넘어, 다문화 사회에서 민주주의가 작동하기 위한 윤리적·제도적 기반이 되어야 한다.

"법은 말로 쓰인다." 이 말은 법이 단순한 규칙의 집합이 아니라, 언어를 통해 구성되고 해석되는 질서임을 시사한다. 법률 문장 속에는 조항만이 아니라, 사람의 감정과 책임, 정체성과 삶의 태도가 함께 깃

들어 있다. 법정에서 오가는 말은 사실의 진술처럼 보이지만, 실제로는 존재의 표현이자 관계의 언어이다. 이러한 말을 문화적 맥락 없이 오역하거나 오해하는 것은 곧 그 사람의 존재 자체를 잘못 해석하는 일이며, 때로는 그 오해가 '정의'의 이름으로 정당화되기도 한다.

다문화 사회의 법정은 다양한 언어와 표현 방식이 충돌하는 공간이다. 이 안에서 통역과 번역은 단순한 전달이 아니라, 타인의 삶과 감성을 이해하고 이어주는 해석의 행위가 되어야 한다. 통역자는 그 다리를 놓는 사람이며, 타인의 언어와 세계를 윤리적으로 받아들이고 응답하는 책임 있는 주체다.

결국 정의로운 법은 타인의 언어를 있는 그대로 이해하려는 노력 위에서만 성립할 수 있다. 다문화 사회의 민주주의가 진정으로 작동하기 위해서는, 언어의 다양성과 해석의 정당성을 존중해야 한다.

이 장은 바로 그 출발점에서, '언어 정의'를 이상적 구호가 아닌 실현 가능한 윤리로 제안하고자 한다.

1.9. 결론: 정의의 언어와 해석의 윤리

이 장에서 살펴본 사례들은 국적과 인종, 문화권이 서로 달랐지만, 그 중심에는 하나의 공통된 문제의식이 있었다. 그들의 말이 어떻게 해석되었는가가 곧 그들의 운명을 갈랐다는 사실이다. 한국계, 일본계, 멕시코계, 베트남계, 중국계, 필리핀계, 그리고 아프리카계 이민자들 모두—그들의 언어는 종종 문화적 뉘앙스를 잃고, '중립적 해석'이라는 이름의 낯선 틀 속에 재구성되었다. 그 결과 법의 언어는 때로 정의를 구현했지만, 더 자주 정의를 왜곡했다.

이러한 사례들은 우리에게 세 가지 중요한 통찰을 남긴다.

- 언어 정의(linguistic justice)는 단지 말할 권리를 보장하는 데 그치지 않는다. 진정한 언어 정의는 그 말이 공정하고 온전하게 해석되는 과정까지 포함해야 한다.
- 통역자는 단순한 기술자가 아니다. 그는 언어와 문화, 그리고 윤리적 책임을 함께 매개하는 해석의 주체이며, 제도적 정의의 한 축을 담당한다.
- 법적 판단은 언어를 통해 이뤄진다. 따라서 언어 구조, 표현 방식, 화용적 규범, 그리고 문화적 맥락이 모두 해석의 조건으로 작동한다.

결국 우리는 '정확한 번역(accurate translation)'만으로는 충분하지 않음을 깨닫게 된다. 법정이 진정으로 요구해야 하는 것은 '정확성'이 아니라 '정당성(just translation)'이다. 언어는 단순한 기호의 집합이 아니다. 그것은 한 사람의 문화, 감성, 책임, 존재가 응축된 삶의 표현이다. 그리고 그 삶의 언어를 어떻게 해석하느냐에 따라 정의는 실현되기도 하고, 왜곡되기도 한다.

따라서 법정 통역의 문제는 단지 언어의 문제가 아니라, 법과 인간, 언어와 정의가 교차하는 해석의 철학적 문제다. 정의로운 사회란 타인의 언어를 있는 그대로 들을 수 있는 사회이며, 해석의 윤리를 공적 제도 속에 구현하려는 사회다.

이 장은 그러한 관점에서, 법과 언어, 문화의 교차점을 해석의 윤리라는 시선으로 비추었다. 이어지는 다음 장에서는 이 논의를 법정을 넘어 외교 번역, 이념어, 그리고 대중문화 담화 해석으로 확장하여, 번역이 어떻게 국제 질서와 감성의 지형을 형성하는가를 살펴보고자 한다.

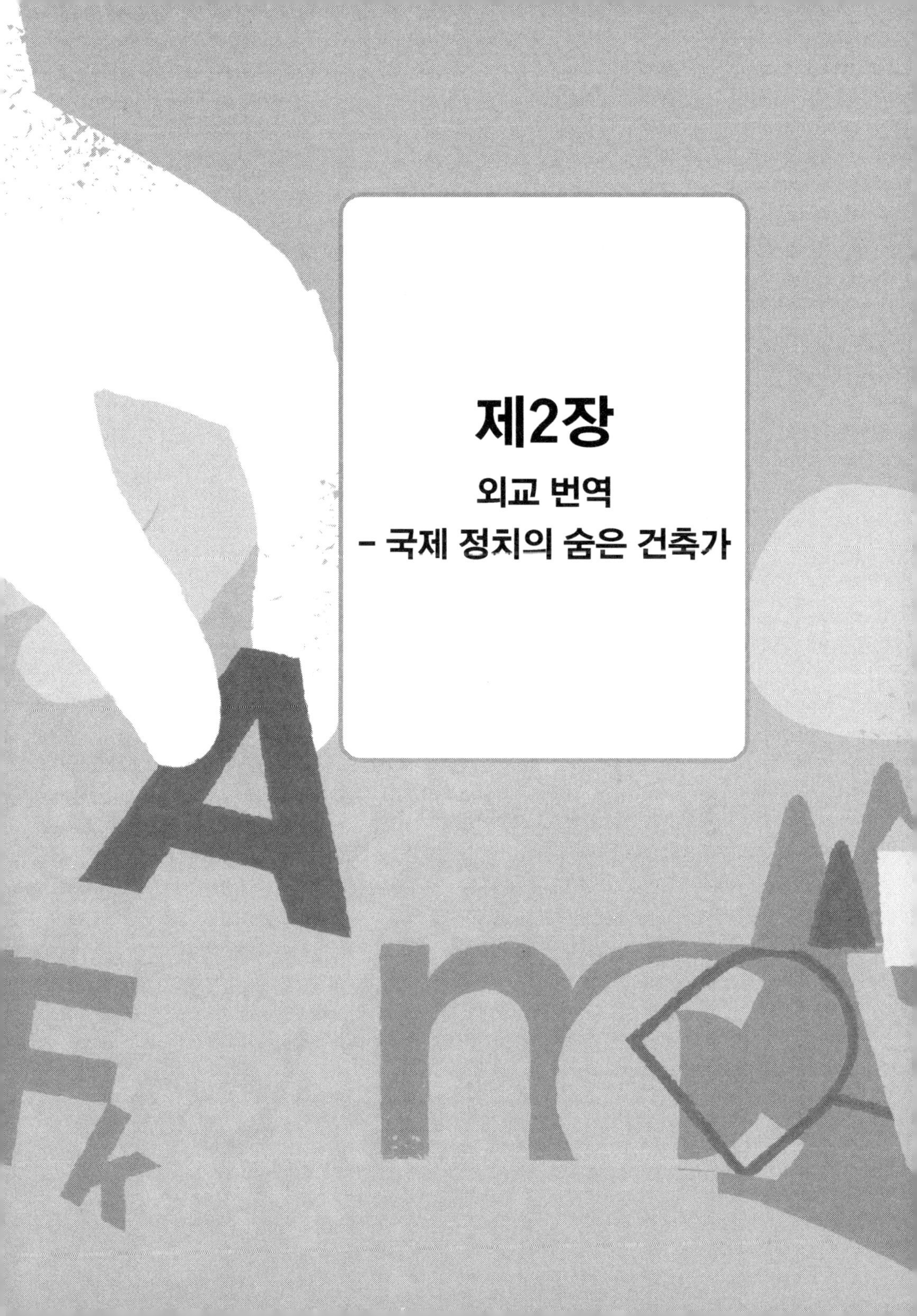

제2장

외교 번역
- 국제 정치의 숨은 건축가

제2장

외교 번역 — 국제 정치의 숨은 건축가

2.1. 서론: 정치 담론 속 번역의 역할

국제 정치의 언어는 단순한 의사소통의 도구가 아니다. 외교 문서에서 이루어지는 번역은 언어의 전환을 넘어선 해석의 행위이며, 그 해석은 종종 한 국가의 정당성을 뒷받침하고, 외교 전략의 방향을 결정하며, 나아가 집단적 역사 기억의 틀을 형성한다.

특히 외교 문서의 번역에서는 단어 하나, 구절 하나의 선택이 국가의 정체성, 영토 인식, 주권 개념을 규정짓는 결정적 요인이 될 수 있다. 다시 말해, 문장을 어떻게 번역하느냐는 단순한 언어의 문제가 아니라, 정치 담론의 근간을 구성하는 선택이다.

이 장에서는 그러한 문제의 대표적 사례로 1948년 유엔총회 결의 제195(III)호 제2항의 한국어 번역을 분석한다. 이 문서는 대한민국 정부의 국제적 지위를 공표한 핵심 외교 문서로, 이후 수십 년 동안 한국 사회의 정치적·이념적 정당화 근거로 인용되어 왔다.

그런데 이 문서의 핵심 구절 가운데 하나인 "such Government" 라는 표현 중 such에 대한 해석이 공식 한국어 번역에서는 누락 되거나 그 의미가 단순화되었다. 그 결과, "한반도 유일 합법정부"라는 표현이 등장했고, 이는 원문이 담고 있던 조건부 의미를 삭제한 채 보다 강하고 포괄적인 정치적 표현으로 재구성되었다.

이 사례는 우리에게 분명한 사실을 일깨운다. 번역은 결코 중립적이지 않다. 어떤 단어를 선택하고, 어떤 문맥을 생략하느냐에 따라, 번역은 곧 정치적 해석의 행위가 된다. 그 해석은 외교적 갈등을 낳거나, 국내에서 이념적 분열의 기원을 제공하기도 한다.

따라서 외교 번역을 이해한다는 것은 단순히 원문과 번역문을 대조하는 일이 아니다. 그것은 언어와 권력의 얽힘, 그리고 해석의 선택이 지닌 정치적 책임을 탐구하는 일이다.

이 장에서는 유엔 결의문 제195(III)호의 번역 과정을 면밀히 추적하며, 외교 문서의 언어가 어떻게 재해석되고, 그 재해석이 어떻게 국가 담론과 이념적 서사로 확장되었는지를 살펴보고자 한다. 번역이 어떻게 국제 정치의 숨은 건축가로 작동하는지를, 그 세밀한 언어의 층위에서 밝혀볼 것이다.

2.2. 문제의 발단: “그런(such)”의 누락

1948년 발표된 유엔총회 결의 제195(III)호 제2항은, 대한민국 정부가 국제 사회에서 어떤 법적·정치적 정당성을 갖는지를 선언한 중대한 외교 문서였다. 이 결의는 한반도의 전후 정치 지형에 지대한 영향을 끼쳤고, 특히 한국 내부의 정치 담론과 대북 인식의 근간으로 자리 잡았다.

문서의 영어 원문을 보면, 다음과 같은 문장이 나온다:[3]

> The General Assembly,
> (1) Approves the conclusions of the reports of the Temporary Commission;
> (2) Declares that there has been established a lawful government (the Government of the Republic of Korea) having effective control and jurisdiction over that part of Korea where the Temporary Commission was able to observe and consult and in which the great majority of the people of all Korea reside; that

3 United Nations. 1948. “General Assembly Resolution 195(III).” https://digitallibrary.un.org.

this Government is based on elections which were a valid expression of the free will of the electorate of that part of Korea and which were observed by the Temporary Commission; and that this is the only such Government in Korea.

이 문장을 한국 정부의 공식 번역본(국가기록원 수록본)에서는 이렇게 옮기고 있다:

"(유엔)임시위원단의 감시와 협의가 가능하였으며 또 한국 국민의 대다수가 거주하고 있는 한국의 지역에 대해 실효적 지배권과 관할권을 가진 합법정부가 수립되었다는 것과, 동 정부는 한국의 동 지역의 유권자의 자유의사의 정당한 표현이자 임시위원단에 의해 감시된 선거에 기초를 두었다는 것과, 또한 **동 정부가 한국 내의 유일한 정부라는 것을 선언한다.**"

여기서 주목해야 할 부분은 영어 원문의 "such Government"에 분명히 들어 있는 such라는 표현이, 한국어 번역에서는 빠져 있다는 점이다.

영어에서 such라는 단어는 단순히 '그런'이라는 뜻만이 아니다. 문장 안에서는 앞 문장에서 설명된 조건들을 요약하고 다시 지시하는 역할, 즉 담화적 연결어로 사용된다. 쉽게 말해, '앞에서 말한 그런 조건을 충족한 정부'라는 의미를 담고 있다.

즉 이 문장에서의 such Government는 단순히 '합법정부'가 아니라,

- 유엔 임시위원단이 관찰하고 협의할 수 있었으며,
- 유권자의 자유 의사에 따라 선거가 치러졌고,
- 실질적인 통치 권한을 행사하고 있는
- 이 세 가지 조건을 모두 만족한 정부를 의미한다.

하지만 한국어 번역에서는 이 부분이 "한국 내의 유일한 정부"라는 식으로 바뀌었다. 그 결과, 원래 문장에 담겨 있던 조건부 의미가 사라지고, '대한민국 정부가 곧 한반도 전체의 유일한 정부'라는 일반적이고 절대적인 표현으로 단순화되고 말았다.

만약 영어 원문에 담긴 의미를 보다 정확하게 옮기려 했다면, 이렇게 번역할 수 있었을 것이다:

"... 또한 동 정부가 한국 내의 유일한 그런 정부라는 것을 선언한다."

이 표현은 앞서 언급된 조건들을 모두 만족하는 '그런 정부(such Government)'가 하나뿐이다라는 점을 분명히 해준다. 이처럼 영어의 such는 하나의 단어이지만, 그 문장 전체의 맥락을 연결하는 중요한 역할을 한다. 그런데 그 단어가 빠지면서, 문서 전체의 해석이 달라지고, 결국은 정치적 의미가 재구성되는 결과로 이어지게 되었다.

2.3. 정치적 함의: '한반도 유일 합법정부론' 논쟁의 형성과 전개

앞에서 살펴본 것처럼, such라는 단어 하나의 번역 누락은 단순한 실수가 아니었다. 오히려 그것은 이후 정치적 해석의 방향을 결정짓는 중요한 출발점이 되었다. 특히 한국에서는 이 결의문을 바탕으로, "대한민국이 한반도 전체의 유일 합법정부"라는 해석이 널리 퍼졌고, 이 해석은 오랫동안 국가 정체성 서사의 중심축이 되어왔다.

이 표현은 단순히 하나의 번역 선택에서 끝나지 않았다. 이후 수십 년 동안 다양한 정치적·교육적 맥락에서 반복적으로 사용되었고, 때로는 이 표현을 둘러싸고 사회적 논쟁이 벌어지기도 했다. 이 과정을 살펴보면, 번역의 정밀성이 단지 언어의 문제가 아니라 정치적 균형성과 정당성의 문제와 직결된다는 사실을 알 수 있다.

■ 1965년 한일기본조약 제2조

"대한민국 정부가 한반도의 유일한 합법정부임을 확인한다."

이 조항은 일본과의 국교 정상화 과정에서 작성된 조약의 일부로, 대한민국 정부가 한반도를 대표하는 유일한 정부라는 보수적 해석을 공식 외교 문서의 형태로 명문화한 사례였다. 이때 사용된 표현도 유엔 결의문에 대한 해석에 기초한 것이었다.

■ 2007-2013년 역사 교과서 집필 기준 개정

이 시기에는 '한반도 유일 합법정부'라는 표현을 둘러싼 해석 논쟁이 교육계에서 벌어졌다. 보수 진영은 해당 문구를 유지하려 했고, 진보 진영은 그 표현이 과도하게 정치적이라는 이유로 삭제 또는 수정하려 했다.

특히 이명박 정부 시기, 교육부는 "38선 이남에서 정통성을 갖는 정부"라는 중립적 표현을 권장하기도 했다. 그러나 일부 교과서에는 여전히 기존 표현이 직접 삽입되었다. 이처럼 해석을 둘러싼 입장 차이는 교육 현장까지 영향을 미쳤다.

■ 문재인 정부 시기의 역사 교육 방향

이 시기에는 유엔 결의문 원문에 대한 보다 정밀한 해석과 재검토가 이루어졌다. 기존의 '한반도 전체를 대표하는 유일 합법정부'라는 해석이 정치적으로 편향되었을 수 있다는 문제의식이 제기되었고, 역사 교육에서도 그 해석을 그대로 따르지 않도록 방향이 조정되었다.

이처럼, 영어 원문에 등장하는 such라는 단어 하나의 번역 방식은, 단순한 문장 해석을 넘어서서 국가 정체성, 외교 담론, 교육 정책의 해석 기조에까지 영향을 미치게 되었다.

결국 외교 문서의 번역은 단지 언어를 충실하게 옮기는 문제에 그치지 않는다. 그것은 정치적 책임성과 해석의 균형성을 요구하는 중대한 담론 행위이며, 번역자는 이 과정에서 정치적 행위자로 간주될 수밖에 없다. 이런 점에서 우리는 외교 문서 번역을 언어적 기술이 아니라 해석의 윤리와 권력의 문제로 함께 바라보아야 한다.

2.4. 언어학적 분석: "such"의 지시 범위

앞서 살펴본 논쟁의 핵심은 이 한 문장으로 요약할 수 있다.

"UN 결의문에 쓰인 'such Government'는 정확히 무엇을 가리키는가?"

일부 보수 진영에서는 이 표현을 이렇게 해석해 왔다. 'such'는 단지 'lawful(합법적인)'이라는 형용사에 붙은 수식어일 뿐이고, 결국 대한민국을 '한반도의 유일한 합법정부'로 승인했다는 뜻이다. 이 주장은 오랫동안 외교 문서나 역사 교과서 해석의 근거가 되어 왔다. 하지만 문장의 구조와 담화 흐름, 그리고 'such'라는 단어의 언어적 기능을 종합적으로 살펴보면, 좀 더 정밀하고 설득력 있는 해석이 가능하다. 그 핵심은 다음과 같다.

■ 'such'는 단순히 한 단어를 꾸미는 게 아니다

영어의 such는 한 성질만 수식하는 말이 아니라, 앞 문장에서 제시한 조건·속성 전체를 다시 가리키는 담화 지시어다. 즉, 앞서 설명한 내

용을 한 번에 지칭할 때 쓴다. 결의문에서 그 조건은 다음 세 가지다:

1) 유엔 임시위원단의 감시
2) 자유선거에 의한 수립
3) 실질적 통치 권한

따라서 "such Government"는 일반적인 '합법정부'가 아니라 이 세 조건을 모두 충족한 정부를 뜻한다.

이런 쓰임은 일상 영어에서도 자주 나타난다. 다음 예문을 보자.

Speaker A: I once taught a smart student who lives in the U.S., grew up in a Korean household, is familiar with Korean culture, and is also well adapted to American culture.
Speaker B: Really? I'd love to meet **such a student.**

여기서 "such a student"는 단순히 '똑똑한 학생'을 뜻하는 것이 아니다. 그 학생이 가진 문화적 배경, 언어 능력, 사회 적응력 등 복합적인 특성 전체를 다시 가리키는 표현이다.

결의문의 "such Government"도 이와 마찬가지다. 그 말은 단지 '합법성'만을 가진 정부가 아니라, 앞서 말한 조건들을 모두 만족하는 유일한 정부라는 뜻이 되는 것이다.

■ 번역의 차이가 곧 해석의 왜곡으로 이어진다

이처럼 중요한 표현을 번역할 때, 'such'를 '그러한'으로 제대로 번역하지 않고, 단지 '유일한 합법정부'라고만 옮기는 것은 단어 몇 개의 차이를 넘어서, 문서 전체의 의미를 바꾸는 해석적 왜곡이라고 볼 수 있다. 특히 외교 문서와 같은 공적인 기록에서는 단어 하나에도 법적·정치적 무게가 실릴 수 있기 때문에, 이와 같은 번역의 오류는 단순한 실수로 보기 어렵다.

결국 이 사례는 우리에게 이렇게 말해 준다.

"단어 하나의 번역이, 국가 정체성과 외교 담론, 그리고 정치적 해석의 방향을 바꿀 수 있다."

그래서 외교 문서의 번역은, 그 어떤 번역보다도 더 정밀하고 신중하며, 동시에 윤리적 책임까지 함께 져야 하는 작업이다.

2.5. 다른 언어 기록문과 비교

1948년 당시 유엔의 공식 언어는 영어, 프랑스어, 러시아어, 중국어, 스페인어 이렇게 다섯 가지였다. 유엔 총회 결의문도 이 다섯 언어로 동시에 작성되었고, 해석의 기준 역시 이 공용 언어들을 바탕으로 삼았다.

이번 절에서는 유엔총회 결의 제195(III)호 제2항에서 영어 원문에 있는 "only such Government in Korea"가 다른 언어에서는 어떻게 번역되었는지를 비교해 본다. 이를 통해 영어의 "such"라는 표현이 실제로 어떤 의미 범위를 가졌는지, 각국 언어에서 어떤 방식으로 이해되고 있는지를 살펴보려고 한다.

■ 러시아어: "유일한 그러한 정부"

러시아어 문서에서는 영어와 거의 동일한 구조가 나타난다. 마지막 부분에 다음과 같은 표현이 나온다:

таким правительством в Корее
(한국어 해석: 한국 내에서 유일한 그러한 정부)

여기서 "таким(그러한)"은 영어의 such에 해당하며, 단순히 "합법적인 정부"라는 의미가 아니라, 앞서 말한 여러 조건—즉, 유엔 임시위원단이 감시했고, 실질적 관할권이 있으며, 자유 선거를 거쳤다는 점—을 모두 만족하는 그런 성격의 정부를 가리킨다.

■ 프랑스어: "이러한 자격을 갖춘 유일한 정부"

프랑스어 버전은 더 명확한 구조를 보여준다. 해당 문장은 이렇게 끝난다:

le seul qui... possède cette qualité
(해석: 이러한 자격을 갖춘 유일한 정부)

여기서 cette qualité는 앞 문장 전체에서 설명한 여러 조건들—정당한 선거, 자유의사, 실질적 통지—을 모두 묶어 하나의 "자격"으로 보고 있다. 다시 말해, 프랑스어는 such라는 단어의 복합적 의미를 "이러한 자격들"이라는 말로 명확하게 풀어 표현하고 있는 셈이다.

■ 스페인어: "이러한 조건들을 충족하는 정부"

스페인어 버전도 프랑스어와 매우 유사하다. 마지막 구절은 이렇게 되어 있다:

el único que... reúne estas condiciones
(해석: 이러한 조건들을 충족하는 유일한 정부)

여기서 estas condiciones는 앞에서 언급된 감시, 선거, 통치 등 여러 요소들을 포괄한다. 즉, '그러한 조건들'을 만족하는 정부라는 의미로, 역시 영어의 such와 완전히 기능이 일치한다.

■ 중국어: "합법적 선거를 통해 수립된 유일한 정부"

중국어 번역은 조금 다르다. 다음과 같은 표현을 사용하고 있다:

唯一依法選擧之政府

(해석: 합법적 선거를 통해 수립된 유일한 정부)

다소 축약된 표현처럼 보이지만, 여전히 핵심 조건인 '선거의 정당성'을 강조하고 있으며, 영어 원문의 취지를 어느 정도 반영하고 있다. 비록 프랑스어나 스페인어처럼 복합적인 조건을 모두 열거하지는 않았지만, 중국어 번역도 최소한의 핵심 자격 요건은 담고 있다고 볼 수 있다.

[표 4] UN 번역문 비교 요약

언어	such 번역 표현	지시 방식	해석적 범위
영어	such Government	담화 지시어	복합 조건 전체
러시아어	таким правительством	유사 담화 지시어	복합 조건 전체
프랑스어	cette qualité	자격 지시 명사	복합 자격 총합
스페인어	estas condiciones	조건 지시 명사	복합 조건 총합
중국어	依法選擧之政府	핵심 조건의 강조	일부 조건 중심

2.6. 요약: 번역의 정밀성과 정치적 책임

지금까지 살펴본 내용을 바탕으로 보면, 논쟁의 핵심은 이렇다.

"such Government"의 'such'는 단순히 '합법적인'만을 가리키는가, 아니면 더 넓은 조건들을 포함하는가?"

일부 보수 진영은 such를 'lawful(합법적인)'에만 붙는 수식어로 보고, 대한민국을 한반도의 유일 합법정부로 승인했다고 해석해 왔다. 하지만 앞서 본 다국어 번역 사례들은 이를 뒷받침하지 않는다.

프랑스어의 "cette qualité", 스페인어의 "estas condiciones", 러시아어의 "таким правительством" 모두 영어의 such와 기능상 정확히 일치하며, 복합적인 조건들을 하나의 정부에 묶어 지시하는 표현이라는 점을 보여준다. 중국어는 다소 압축된 형태지만 여전히 핵심 조건인 합법 선거를 강조하고 있다.

결국 such Government는 단지 '합법성'을 뜻하는 게 아니라, 감시, 선거, 통치력 등 여러 조건을 만족한 정부를 지칭하는 표현이며, 이를 무시하고 '유일한 합법정부'라고만 번역하는 것은 본래 의미를 왜곡하는 일이 된다.

이처럼 번역의 정밀성 부족은 정치적 오해를 낳고, 그런 표현이 교과서, 외교 문서, 국가 정체성 논의 속에서 반복되면서 정치 담론 전체를 특정 방향으로 고착시킬 수 있다. 이는 단순한 언어적 문제가 아니라, 해석의 책임이자 정치적 윤리의 문제라고 할 수 있다.

비슷한 사례는 또 있다.

예를 들어, 1950년 한국전쟁 발발 직후 유엔 안보리가 채택한 결의문 83호에서는 "대한민국에 대한 armed attack(무력 공격)을 격퇴할 것"을 권고했다. 그런데 국내에서는 이를 "북한의 침략"으로 옮겨 소개한 경우가 많다. 하지만 armed attack은 법적으로는 비교적 중립적인 표현이다. 반면 aggression(침략)은 불법성과 책임 귀속을 전제하는 정치적 용어다.

이처럼 같은 사건도 어떤 단어를 선택하느냐에 따라 전혀 다른 정치적 메시지를 만들 수 있다. 결국, 외교 문서 번역은 언어의 기술을 넘어서는 정치적·윤리적 실천이라고 할 수 있다.

다음 절에서는 이러한 사례들이 어떻게 교육 정책이나 외교 담론 안에서 반복적으로 재생산되었는지를 살펴보면서, 번역이 정치 담론을 구성하는 방식에 대해 더 깊이 탐구해 보겠다. 계속해서 함께 살펴보자.

2.7. 다른 문서 오역의 사례

앞서 살펴본 유엔 결의 제195(III)호에서는 'such Government' 라는 단어 하나의 번역이 얼마나 큰 정치적 파장을 일으킬 수 있는지를 확인해 보았다. 그런데 이런 번역의 정치성은 비단 그 한 문서에만 해당되는 문제가 아니다. 실제로 외교 문서나 국제 조약의 번역에서 생긴 단어 선택 하나, 문법 구조 하나가 전쟁의 명분, 국가의 정통성, 영토 분쟁의 발생에까지 영향을 준 사례가 적지 않다.

이번 절에서는 포츠담 선언, 카이로 선언, 동서독 기본조약, 유엔 안보리 결의 242호 등을 중심으로, 번역이 단순한 언어 교환을 넘어 국제 질서와 외교적 정당성을 구성하는 해석의 정치 행위라는 점을 다시 살펴보려고 한다. 특히 이런 문서들은 그 자체로 외교적 협상의 결과이자, 특정 국가나 집단이 '어떻게 현실을 이해하고 해석할 것인가'를 놓고 벌이는 담론의 전장이었다. 그리고 이 담론의 한가운데에 바로 '번역'이 있었다.

이러한 사례들은 하나같이 번역이라는 작업이 단순히 기술적인 언어 변환이 아니라, 어떤 단어를 선택하느냐, 무엇을 강조하거나 생략하느냐, 그리고 어떤 해석의 방향성을 정하느냐가 곧 권력의 문제라는 사실을 보여준다. 번역은 곧 해석이고, 해석은 곧 권력이기 때문이다.

이 절에서는 이 명제를 실제 사례들을 통해 증명해보고자 한다. 그리고 그 과정에서 우리는 번역자가 단순한 언어 전달자가 아니라, 국제 질서를 해석하고 구성하는 담론의 주체가 될 수 있다는 점도 함께 확인하게 될 것이다. 다음 소절에서는 이와 같은 사례들을 하나하나 살펴보면서, 구체적인 문장 표현과 단어 선택이 어떤 외교적 현실과 갈등을 초래했는지를 좀 더 깊이 분석해보겠다.

2.7.1. 포츠담 선언(1945)

"Unconditional surrender"와 일본의 '묵살(黙殺)'

1945년 7월, 미국, 영국, 중국은 일본 제국에 전쟁 종식을 요구하며 '포츠담 선언(Potsdam Declaration)'을 발표했다. 핵심 요구는 일본군의 '무조건 항복(unconditional surrender)'이었다. 이 선언은 제2차 세계대전의 태평양 전선에서 전쟁을 끝낼 수 있을지를 결정짓는 중요한 외교적 조치였다.

원문(제13항)[4]

> "We call upon the government of Japan to proclaim now the unconditional surrender of all Japanese armed forces, and to provide proper and adequate assurances of their good faith in such action. The alternative for Japan is prompt and utter destruction."
>
> "우리는 일본 정부가 지금 즉시 모든 일본군의 무조건 항복을 선언하고, 그 행동에 대한 성실한 보증을 제공할 것을 요구한다. 만약 이를 이행하지 않을 경우, 일본은 즉각적이고 전면적인 파괴에 직면하게 될 것이다."

포츠담 선언에 대한 일본 정부의 공식 입장은 단 한 단어, '묵살(黙

---

4 U.S. Department of State. 1945. Potsdam Declaration.

殺)'이었다. 일본 외무성이 발표한 이 표현은 '침묵으로 무시하다'는 뜻을 가지고 있다. 겉으로는 선언을 명시적으로 거부하지 않은 것처럼 보일 수 있지만, 사실상 아무런 반응도 하지 않겠다는 의미를 담고 있다. 이는 일본 정부 내에서 항복 여부를 두고 온건파와 군부 강경파 사이에 의견이 갈리던 상황에서, 명확한 입장을 내지 않기 위한 전략적 표현으로 해석된다.

미국은 '묵살'을 일본이 선언을 거부한 것으로 받아들였다. 그리고 선언문에서 예고한 대로, 8월 6일 히로시마, 8월 9일 나가사키에 원자폭탄을 투하했다. 결국 '묵살'이라는 한 단어가 외교적 소통의 단절로 이어졌고, 이는 수십만 명의 생명을 앗아간 핵폭격으로 귀결되었다.

전쟁이 끝난 뒤 일본 내에서는 '묵살'이 정말 거부 의사였는지를 두고 오랜 논쟁이 이어졌다. 보수적인 입장에서는 '묵살'이 반드시 '거절'은 아니었다고 주장하며, 원폭 투하의 정당성을 반문한다. 반면 다수의 역사학자들은 이를 회피적이고 모호한 외교 언어, 즉 시간 끌기를 위한 정치적 표현으로 해석한다.

포츠담 선언을 둘러싼 이 사례는, 외교 문서에서 한 단어의 선택이 얼마나 엄청난 역사적 결과를 불러올 수 있는지를 보여준다. '묵살'은 단순한 어휘가 아니라, 전쟁의 끝과 새로운 시대의 시작을 가른 해석의 갈림길이었다. 번역과 해석의 책임은 단지 말의 의미를 전달하는 데에 그치지 않고, 생명과 국제 질서, 역사적 판단에까지 연결될 수 있음을 잊지 말아야 한다.

2.7.2. 카이로 선언(1943)

"in due course"의 모호성과 해석 갈등

1943년 11월, 미국, 영국, 중국의 지도자들은 이집트 카이로에서 만나 전후 아시아 질서에 대해 논의했고, 이 자리에서 한국의 독립을 처음으로 공식 문서에 명시하였다. 바로 이때 발표된 것이 카이로 선언(Cairo Communiqué)이다.

카이로 선언문 원문 중 해당 부분[5]

> "The three great Allies, mindful of the enslavement of the people of Korea, are determined that in due course Korea shall become free and independent."
>
> "세 강대국은 한국 민족이 노예 상태에 처해 있음을 인식하고 있으며, 적절한 시기에 한국을 자유롭고 독립된 나라로 만들기로 결의하였다."

이 문장은 해방 이전 식민지 조선에 엄청난 희망을 준 선언이었다. 당시 한국 사회는 "한국은 독립될 것이다"라는 내용에 열광했고, 이를 즉각적이고 확정적인 독립 약속으로 받아들였다. 하지만 여기에는 결정적인 쟁점이 숨어 있었다. 바로 "in due course"라는 표현 때문이다. 이 문장은 겉으로 보기에는 낙관적인 약속처럼 보이지만, 영어 원

5 U.S. Department of State. 1943. Cairo Communiqué.

어민이나 외교문서 맥락에서는 매우 유보적이고 애매한 표현으로 사용된다. '적절한 때가 되면', '상황이 무르익었을 때'라는 뜻을 담고 있기 때문에, 실제 시점이나 조건을 명확히 밝히지 않는다.

미국은 이 표현을 근거로 신탁통치 체제를 제안했고, 한국의 독립은 일정 기간 '관리'가 필요하다는 입장을 취했다. 반면, 해방 직후 한국 사회는 이를 '즉시 독립 보장'으로 받아들였고, 이후 신탁통치 찬반을 둘러싼 격렬한 논쟁이 벌어지게 된다. 이 과정에서 좌우 대립이 본격화되었고, 미소 냉전 구도와 결합되면서 결국 한반도의 분단으로 이어지는 하나의 흐름이 만들어졌다.

이처럼 "in due course"라는 단 하나의 모호한 표현은 단순한 외교 수사가 아니었다. 그 해석의 차이가 민족 감정, 정치 갈등, 집단 기억을 자극했고, 결국 현실 정치와 이념 대립의 서사에 깊숙이 관여하게 된 것이다.

외교문서에서 자주 쓰이는 완곡 표현이나 유보적 언어는, 때로는 전쟁보다도 더 깊고 장기적인 갈등을 낳는다. "in due course"는 한국 현대사에서 가장 짧지만, 가장 많은 오해와 해석의 격차를 낳은 문구 중 하나로 남아 있다. 이 사례는 번역과 해석이 단순한 언어적 기술이 아니라, 역사적 책임과 감정, 그리고 정치적 현실에까지 영향을 미칠 수 있다는 점을 다시금 상기시켜 준다.

2.7.3. 동서독 승인과 기본조약 번역

국가 개념과 표현의 균형성

제2차 세계대전이 끝난 뒤, 독일은 동서로 나뉘게 된다. 1949년, 서쪽에는 서독(독일연방공화국, FRG)이, 동쪽에는 동독(독일민주공화국, GDR)이 각각 수립되었다. 이후 1972년, 두 나라는 동서독 기본조약(Grundlagenvertrag)을 맺고 서로를 승인하며 외교 관계를 정상화하기로 합의했고, 이듬해인 1973년에는 유엔에 나란히 가입하게 된다. 이 사건은 분단국 간의 외교 관계 설정에 중요한 전례가 되었다.

동서독 기본조약 제1조 1항에서는, 양국이 서로의 국가로서의 독립성과 자주성을 존중하며, 정상적인 선린 관계를 맺기로 했다고 명시하고 있다. 이는 곧 두 국가가 서로를 주권을 가진 대등한 국가로 인정한다는 뜻이다. 실제로 같은 해 채택된 유엔 총회 결의 제3050호에서도, "독일연방공화국과 독일민주공화국을 유엔 회원국으로 받아들인다"고 분명하게 기술되어 있다. 유엔의 공식 영문 문서에서도 "both German States", "two sovereign German States"라는 식으로 표현해 표현의 균형성과 중립성을 유지하고 있다.

하지만 한국어 번역이나 국내 언론·담론에서는 이러한 균형감이 자주 무너졌다. 예를 들어, '서독과 동독'이라는 식의 표현은 괜찮아 보일 수 있지만, '독일과 동독'이라고 하면, 마치 서독만을 진짜 독일로 보고 동독은 부속물처럼 취급하는 인상을 준다. 이는 냉전 시기 대한민국이 취한 '한반도 유일 합법정부'라는 입장과도 흐름을 같이한다.

게다가 기본조약에서 사용된 'state(국가)'라는 단어도, 한국어 번역에서는 '정부'나 '당국'처럼 한 단계 낮은 표현으로 바뀌는 경우가 있었다. 이는 '국가 대 국가'라는 관계를 인정하기보다, '정부 대 지역 행정체'처럼 표현을 희석하려는 전략으로 해석될 수 있다. 이런 표현 방식은 오늘날 남북 관계에서도 반복된다. 한국 정부는 공식적으로 '조선민주주의인민공화국(DPRK)'이라는 명칭 대신, '북한'이나 '북측'이라는 표현을 주로 사용하고 있다.

이처럼 동서독의 사례는 번역이라는 행위가 단순히 말을 바꾸는 기술이 아니라, 국가 정체성이나 외교 전략, 나아가 국제 사회에서의 위상을 결정짓는 정치적 실천임을 잘 보여준다. 독일의 경우, 유엔 문서나 양국 간 조약 모두에서 표현의 균형성과 상호 인정이 일관되게 반영되었고, 번역 역시 이를 존중하려는 태도가 분명했다. 반면 한국에서는 UN 결의 제195(III)호나 여러 국제 문서에서 '한반도 유일 합법정부'라는 해석이 일방적으로 주도되었고, 남북 관계도 '국가 대 국가'가 아닌 '정부 대 반정부 세력'처럼 묘사되는 경향이 강했다.

결과적으로 번역의 편향은 통일 교육, 외교 정책, 국가 담론 전반에 구조적으로 반영되었고, 이는 표현 하나하나가 외교적 정당성이나 국제 사회에서의 인식에 결정적인 영향을 줄 수 있다는 사실을 다시금 보여준다. 어떤 단어, 어떤 호칭을 선택하느냐는 단순한 언어 문제가 아니라, 국제 질서 속에서 특정 국가를 어떻게 이해하고 규정할 것인가에 대한 정치적 판단이자 실천인 셈이다.

2.7.4. 유엔안보리 결의 242호(1967)

관사(the) 유무에 따른 영토 철수 해석 충돌

1967년 6월, 제3차 중동전쟁(이른바 6일 전쟁)에서 이스라엘은 시나이 반도, 골란 고원, 서안 지구, 가자 지구, 동예루살렘 등을 점령하게 된다. 전쟁이 끝난 뒤, 유엔 안전보장이사회는 중동 지역의 평화를 위해 결의안 242호를 채택하고, 이스라엘에 점령지 철수를 요구하였다.

이 결의문에서 가장 큰 논란을 불러온 문구는 바로 다음과 같다:[6]

> "Withdrawal of Israeli armed forces from territories occupied in the recent conflict."

여기서 핵심은 'the territories'가 아니라 'territories'라고 쓰였다는 점, 즉 정관사 the가 빠져 있다는 사실이다. 단순해 보이는 이 차이가 나중에 매우 큰 외교적 해석 갈등을 낳았다.

영문 표현처럼 관사가 빠져 있으면, 문법적으로는 '그 영토 전체'가 아니라 일부 영토를 의미할 여지가 생긴다. 실제로 당시 결의안을 주

---

6 United Nations Security Council. 1967. "Resolution 242 (S/RES/242)." https://undocs.org/S/RES/242(1967).

도한 미국과 영국은 이 문구를 그렇게 의도한 것으로 알려져 있다. 즉, 이스라엘이 점령한 모든 지역에서 철수하라는 것이 아니라, 일부 지역만 철수해도 결의안을 이행한 것으로 볼 수 있다는 여지를 남겨둔 것이다.

하지만 유엔의 또 다른 공식 언어인 프랑스어 번역에서는 사정이 달랐다. 프랑스어 결의문에는 "des territoires occupés"(점령된 영토들)이라는 표현이 들어갔는데, 이 문장은 이스라엘이 점령한 영토 전체를 의미한다고도 해석할 수 있다. 이 때문에 아랍 국가들은 프랑스어 번역을 근거로 "전면 철수"를 주장했고, 반대로 이스라엘은 영어 원문을 근거로 "부분 철수"만으로도 결의 이행이 가능하다고 맞섰다.

결국, 단 하나의 관사(the) 유무가 중동 평화 협상의 출발선부터 서로 다른 입장을 낳았고, 결의안 242호는 해석의 충돌이 지속되는 외교 문서가 되었다. 이 사례는 유엔의 공식 문서라 하더라도 언어마다 미묘한 차이가 존재할 수 있고, 이런 차이가 실제 분쟁 지역에서는 법적 정당성과 외교적 구속력에 치명적인 혼선을 불러올 수 있다는 점을 잘 보여준다. 나아가 이는 국제 문서 번역에서 언어적 정밀성과 일관성이 얼마나 중요한지를 경고해 주는 대표적인 사례이기도 하다.

2.7.5. 국제 문서 번역의 정치적 사례 비교

국제 문서 번역에서 단어 하나, 표현 하나가 어떤 식으로 정치적인 결과를 낳았는지 살펴보면, 번역이 단순한 기술이 아니라 해석의 실

천이라는 사실이 분명해진다. 아래의 표는 그런 대표적인 사례들을 비교한 것이다:

[표 5] 국제 문서 번역 사례 비교

문서/사건	원문 핵심 표현	번역/해석 쟁점	정치적 영향
유엔 결의 195(III)호 (1948)	"such Government"	such의 지시 대상이 한국어 번역에서 누락되어 "한반도 유일 합법정부"로 확대 해석됨	외교 인식 충돌, 국내 이념 대립 유발
포츠담 선언 (1945)	"unconditional surrender"	"항복 조건의 의미가 불명확하고 완곡하게 해석됨	항복 의사 오해 → 원자폭탄 투하로 이어짐
동서독 기본조약 (1972)	"Bundesrepublik Deutschland und die Deutsche Demokratische Republik"	'국가' 표현의 번역 용어가 편향됨(예: 동독 당국 vs 독일민주공화국)	남북 관계 인식에 영향을 주며 통일 담론 혼선 유발
카이로 선언 (1943)	"in due course Korea shall become free and independent"	'in due course'의 모호성으로 독립 시점에 대한 해석 충돌	분단 정당화 논리, 신탁통치 논란에 활용됨
유엔안보리 결의 242호 (1967)	"withdrawal ... from territories occupied"	관사 the의 유무로 철수 범위에 대한 해석이 달라짐	중동 평화협상에서 입장 차이를 고착화함

2.8. 결론: 번역은 해석이며, 해석은 권력이다

앞서 살펴본 여러 사례에서 보듯, 국제 문서의 번역은 단지 언어를 바꾸는 일이 아니다. 그것은 누구의 해석이 정당한 것으로 받아들여질지를 결정하는 정치적 행위이다. 포츠담 선언의 '묵살(黙殺)', 카이로 선언의 in due course, 유엔안보리 결의 242호의 정관사 생략, 동서독 기본조약에서의 '국가' 용어 해석, 유엔 결의 195(III)호에서 such가 빠진 번역은 모두, 번역이라는 행위가 국가 정체성과 외교 전략, 그리고 집단 기억 형성에 깊이 개입하고 있음을 잘 보여준다.

이런 사례들은 공통적으로 다음 세 가지 특징을 가진다:

- 정치적 모호성의 관리
→ 원문 표현이 의도적으로 애매하거나, 번역에서 그 모호성을 유지하거나 조정하여 정치적 해석의 폭을 조절한다.
- 외교적 입장 조율의 수단
→ 번역은 단순한 의미 전달이 아니라, 각국의 외교적 입장을 반영하고 조율하는 언어적 타협이기도 하다.
- 이념적 질서의 재생산
→ 특정 표현을 선택함으로써 특정 정치적 현실이나 이념을 '당연한 것'처럼 보이게 만들고, 그것을 사회 속에 고정시킨다.

결국 번역은 권력의 장(場)이다. 어떤 해석이 '공식적'이고 '객관적'으로 승인받을지를 결정하는 순간, 번역은 이미 권력의 작동 안에 들어가 있다. 따라서 외교 문서의 번역은 문법적 정확성만으로는 평가될 수 없다. 그 속에는 정치적 맥락, 이념적 의도, 해석의 윤리가 함께 작동한다.

번역은 문장을 바꾸는 일이 아니라, 기억을 구성하고 현실을 창조하는 언어 행위이다. 해석은 언제나 선택이며, 그 선택은 우리가 세계를 어떻게 이해하고, 어떤 질서를 '현실'로 받아들일지를 결정짓는다.

요컨대, 번역은 해석이며, 해석은 권력이다.

그렇기에 번역의 윤리란 단지 언어적 정밀함이 아니라, 의미의 공정성과 해석의 책임을 향한 성찰에서 출발해야 한다. 외교 번역의 현장은 곧 권력의 언어가 쓰이는 자리이자, 언어의 권력이 드러나는 장소이다. 그곳에서 번역자는 한 문장의 의미를 선택하는 동시에, 한 세계의 방향을 함께 그려 넣는 숨은 건축가다.

번역의
정치학과
감성학

제3장

정치 언어
- '자유'라는 신화의
번역학

제3장

정치 언어 — '자유'라는 신화의 번역학

3.1. 서론:
한 단어에 담긴 이념의 힘

'자유'라는 말은 겉보기에 누구나 찬성할 수 있는 보편적 가치처럼 들린다. 그러나 한국 현대사의 맥락에서 '자유'는 단순한 규범이나 철학적 개념이 아니라, 정치적 입장과 이념적 경계를 드러내는 상징적 언어로 작동해 왔다.

특히 '자유민주주의'라는 표현은 헌법의 전문과 교육 현장, 정치 연설, 언론 담론에 이르기까지 끊임없이 반복되어 왔다. 흥미로운 점은, 보수와 진보 양 진영 모두가 이 단어를 자신들의 정당성을 뒷받침하는 언어적 근거로 활용해 왔다는 사실이다. 다시 말해, '자유'는 단지 하나의 단어가 아니라, 정치적 정체성을 규정하고 구획하는 핵심 기표(key signifier)로 기능해 왔다.

나아가 '자유'는 반공주의, 시장경제 중심주의, 친서방 외교와 같은 서로 다른 정치적 가치들과 쉽게 결합하면서, 하나의 단어 안에 상이한 의미와 목적이 중첩된 복합적 구조를 띠게 되었다. '자유'라는 단어는 어떤 맥락에서는 개인의 권리를, 다른 맥락에서는 국가의 정당성을, 또 다른 맥락에서는 이념적 충성을 상징한다. 이처럼 '자유'는 언제나 동일한 의미를 유지하지 않으면서도, 끊임없이 권력 담론 속에서 재활성화되는 언어적 기호다.

이 현상은 프랑스의 기호학자 롤랑 바르트(Roland Barthes)가 『신화론(Mythologies)』에서 말한 '신화(myth)'의 언어적 작동 방식과도 닮아 있다.[7] 바르트에 따르면 신화는 의미를 지우는 동시에 새로운 의미를 덧씌우는 언어의 작동 방식이다. 그 안에서 단어는 현실을 반영하지 않고, 현실에 특정한 의미를 부여하고 정당화하는 수단으로 변모한다. 이런 관점에서 본다면, '자유'는 단순한 가치의 언어가 아니라 정치적 신화의 언어, 즉 권력이 작동하는 기호의 형태로 읽을 수 있다.

이 장에서는 이러한 문제의식을 바탕으로 '자유' 개념의 역사적 변천과 정치적 의미 구성 과정을 추적하고자 한다. '자유'라는 단어가 시

---

7 바르트, 롤랑. 2004. 『신화론』. 이한우 옮김. 서울: 민음사. (Barthes, Roland. 1957. *Mythologies*. Paris: Éditions du Seuil.)

대마다 어떻게 다르게 번역·해석되어 왔는지, 그리고 그 해석이 한국 사회의 정치 담론에서 어떤 기능을 해왔는지를 네 가지 영역—교육 정책, 헌법 해석, 대통령 담화, 이론적 분석—을 중심으로 살펴본다.

이를 통해 우리는 하나의 단어가 어떻게 정치 질서를 정당화하는 논리로 작동하고, 동시에 다른 해석이나 담론을 배제하는 기제로 사용될 수 있는지를 살펴볼 것이다. 결국 이 장은 '자유'라는 단어가 결코 중립적이지 않으며, 때로는 권력과 이념이 교차하는 언어의 장에서 작동하는 정치적 신화의 핵심 기표임을 비판적으로 드러내고자 한다.

3.2. '자유'와 정치 언어: 헌법과 교육 정책의 이데올로기

'자유민주주의'라는 말은 단순히 정치 체제를 설명하는 기술적 용어가 아니다. 그 안에는 '자유'라는 개념을 둘러싼 이념적 갈등과 정치적 해석의 층위가 복잡하게 얽혀 있다. 특히 교육 정책과 헌법 해석의 변화는 이러한 갈등이 구체적 현실 속에서 어떻게 드러나는지를 보여주는 대표적인 장(場)이다.

예를 들어, 2000년대 초반까지 국정 교과서에서는 '민주주의'와 '자유민주주의'라는 표현이 혼용되어 사용되었다. 그러나 2007년 개정판에서는 '민주주의'로 단순화되었고, 2009년에는 다시 '자유민주주의'가 복귀했다. 이 일련의 변동은 단어 선택의 문제가 아니라, 정권 교체와 이념 지형의 재편을 반영하는 정치적 징후로 읽을 수 있다. 교과서의 한 단어는 단순한 문장 구성의 요소가 아니라, 국가가 다음 세대에게 어떤 가치와 정체성을 전달할 것인가에 대한 의지의 표명이기 때문이다.

헌법 해석에서도 동일한 긴장이 반복된다. 보수 진영은 헌법 전문과 제4조에 명시된 "자유민주적 기본질서"를 근거로, '자유'의 가치를 국가 정체성과 체제 유지의 핵심 원리로 삼는다. 반면 진보 진영은 이 표현이 유신헌법 시기 반공 이념의 강화 과정에서 도입된 정치적 산물임을 지적하며, '민주주의'가 보다 보편적이고 이념적으로 중립적인 개념이라고 본다.

결국 '자유'는 고정된 의미를 가진 단어가 아니라, 시대와 맥락에 따라 다른 이념적 역할을 수행하는 정치적 기호다. 헌법과 교육이라는 제도적 장치는 이 단어를 통해 이념 간 균형을 조율하거나, 때로는 기존 권력을 정당화하는 도구로 기능해 왔다.

이처럼 '자유'는 한편으로는 민주주의의 본질적 가치처럼 보이지만, 다른 한편으로는 정치적 정당성과 이념적 우위를 확보하기 위한 언어 전략의 결과물이다. 따라서 '자유'를 이해한다는 것은 단지 그 뜻을 아는 것이 아니라, 그것이 어떤 역사적 상황 속에서, 누구에 의해, 어떤 목적을 위해 발화되었는가를 함께 읽어내는 일이다.

3.3. 이념적 변용과 신화화: 자유와 반공주의

한국 사회에서 '자유'라는 말은 오랫동안 냉전기 반공주의와 결합된 정치적 언어로 기능해 왔다. 본래 "자유롭고 민주적인 기본질서(freiheitlich-demokratische Grundordnung)"는 독일 기본법에서 유래한 표현이었지만, 한국에서는 1972년 유신헌법을 통해 "자유민주적 기본질서"라는 형태로 정착되었다. 그러나 이 표현은 단순히 제도적 질서를 기술하는 용어가 아니라, 반공 이념을 헌법에 제도적으로 고정시키는 언어적 장치가 되었다.

이러한 흐름은 냉전의 종식 이후에도 형태를 바꾸어 지속되고 있다. 예컨대 윤석열 대통령은 2022년 취임 이후 각종 연설에서 '자유'라는 단어를 집요할 정도로 반복해 왔다. 2025년 발표된 비상계엄 선포문에서는 "자유대한민국"과 "종북·반국가 세력 척결"이라는 표현이 함께 등장했는데, 이는 '자유'가 더 이상 보편적 가치의 언어로만 쓰이지 않고, 국가 정체성과 안보를 정당화하는 정치적 수사로 재구성되고 있음을 보여준다.[8]

이처럼 반복적으로 호출되는 '자유'는 특정 정치 이념을 자연스럽고 자명한 가치로 보이게 만든다. 동시에 이에 비판적이거나 다른 입

8 김신영·류웅재. 2023.「윤석열 정부가 활용하는 '자유' 담론의 한계: 대통령 연설문을 중심으로」. 사회과학 담론과 정책 16(2): 87-116.

장을 지닌 사람들은 반자유적·반국가적 존재로 규정된다. 다시 말해, '자유'는 이념적 대립의 경계를 긋고, 정치적 적대의 질서를 정당화하는 언어적 장치로 기능한다.

교육, 헌법, 언론, 그리고 정치 연설 등 다양한 공적 담론 속에서 이러한 언어의 재현은 반복되며 제도화된다. 그 결과 '자유'는 현실 정치에서 단지 하나의 가치가 아니라, 이념적 권력을 매개하고 재생산하는 핵심 도구로 작동하고 있다.

3.4. '자유'의 신화화: 바르트와 오웰의 시각에서

'자유'는 한국 사회에서 이미 정치적 신화로 변형된 언어라 할 수 있다. 그것은 현실의 복잡한 갈등과 역사적 맥락을 지우고, 특정한 정치 질서를 "당연한 것"으로 보이게 만드는 기호적 권력의 언어다. 롤랑 바르트(Roland Barthes)가 말했듯, 신화는 의미를 지우는 동시에 새로운 의미를 덧씌우는 언어의 형식이다. 한국의 '자유' 담론은 바로 그 신화적 작동 방식을 통해, 가치의 언어가 권력의 언어로 전이되는 지점을 보여준다.

바르트에 따르면 신화는 거짓된 이야기가 아니라, 역사적이고 정치적인 맥락을 삭제한 언어가 일상 속에서 '자연스러운 진리'처럼 작동할 때 비로소 성립한다. 즉, 신화는 사실을 은폐하는 것이 아니라, 사실을 당연하게 만드는 체계다. 이러한 관점에서 보면, 한국에서 '자유'라는 단어는 본래 freedom이나 liberty처럼 보편적이고 철학적인 개념에서 출발했지만, 냉전기의 반공주의, 시장 중심의 경제 질서, 그리고 국가주의적 담론과 결합하면서 이념적 색채를 띤 정치 언어로 재구성되었다.

그럼에도 불구하고 '자유'는 여전히 중립적이고 자명한 가치로 소비된다. 바로 이 지점에서 신화화가 작동한다. 언어는 현실을 반영하기보다 현실을 구성하며, 그 의미의 정치성을 지운 채 '상식'의 이름으로 권력을 재생산한다.

이 현상은 조지 오웰(George Orwell)이 『1984』에서 묘사한 '뉴스피크(Newspeak)' 개념과도 깊게 맞닿아 있다.[9]

오웰에게 언어는 단지 표현의 수단이 아니라, 사유의 가능성을 결정짓는 장치였다. 정치 권력이 언어를 제한하고 재정의함으로써 비판적 사고 자체를 봉쇄할 수 있다는 그의 통찰은, 오늘날 '자유'라는 단어가 한국 사회에서 어떻게 사용되고 있는지를 되돌아보게 한다. '자유'는 원래 인간의 권리와 존엄을 상징하는 말이었지만, 특정한 정치 이념이나 국가 정체성을 강화하는 정치적 구호로 쓰일 때, 그 복잡한 의미와 역사성은 삭제된다.

---

9 Orwell, George. 1949. *Nineteen Eighty-Four*. London: Secker & Warburg.

결국 '자유'는 본래의 철학적 깊이를 잃고, 국가주의적 애국심과 이념적 충성의 언어로 치환될 위험을 안고 있다. 그 단어가 언제, 누구에 의해, 어떤 맥락에서 사용되는가에 따라 '자유'의 의미는 완전히 달라진다. 따라서 우리는 '자유'를 무조건적으로 긍정하거나 신성시하기보다, 그것이 어떤 권력을 정당화하고, 어떤 현실을 보이지 않게 만드는지를 질문해야 한다.

'자유'의 신화화란 곧 언어의 정치학이 윤리의 문제로 확장되는 지점이다. 그리고 그 언어를 비판적으로 읽어내는 일은, 단순히 의미를 분석하는 작업이 아니라 권력의 언어를 해체하고 새로운 해석의 가능성을 여는 일이다.

3.5. '자유'의 언어적 혼재와 개념적 구분

'자유'라는 단어는 언어적으로 본질부터 다의적인 성격을 갖고 있으며, 그 사용 방식은 각 문화권의 역사적 맥락과 정치철학 전통에 따라 다르게 구성된다. 영어에는 freedom과 liberty라는 두 단어가 있고, 일반적으로 liberty는 시민의 권리와 제도적 보장을 중심으로 한 공적 자유, freedom은 개인의 자율성과 실존적 해방에 가까운 사적 자유를 의미한다.[10]

하지만 한국어에서는 이 두 단어 모두 '자유'라는 하나의 말로 번역되기 때문에, 서로 다른 의미가 뒤섞이거나 구별되지 않는 일이 잦다. 이런 현상은 프랑스어의 liberté, 독일어의 Freiheit, 일본어와 중국어의 自由에서도 비슷하게 나타난다.

예를 들어, 뉴욕의 Statue of Liberty와 워싱턴 D.C.의 Statue of Freedom은 서로 다른 정치철학적 맥락에서 만들어진 조형물이지만, 한국어로는 둘 다 '자유의 여신상'이라고 번역된다. 그 결과, 두 개념이 담고 있는 정치적 상징성과 역사적 차이가 흐려지게 된다.

이러한 개념적 혼재는 다음과 같은 예시 문장에서도 명확히 드러난다:

> "Give me **liberty**, or give me death!" - *Patrick Henry*
>
> **Freedom of the press** is regarded as a fundamental right in many **liberal democratic societies**, symbolized by the **Statue of Liberty** and vigorously defended in John Stuart Mill's **On Liberty**. **This ideal of liberty** extends beyond the political sphere into economic systems, such as the **free market economy.** In **free world**, individual rights—such as **freedom of association** and **freedom of religion**—and minimal government intervention are likewise considered **essential forms of liberty.** This stands in

10 Mill, John Stuart. 1859. *On Liberty*. London: John W. Parker and Son.

clear contrast to communist systems. Our **Free Republic of Korea** upholds **liberal democracy** and aspires to achieve free and peaceful unification.

이 문장을 한국어로 옮기면 다음과 같다:

"**자유**가 아니면 죽음을 달라!" - 패트릭 헨리

언론의 자유는 많은 **자유민주주의** 사회에서 기본적 권리로 간주되며, 이는 **자유의 여신상**으로 상징되고 존 스튜어트 밀의 『**자유론**』에서도 강력히 옹호된다. 이러한 **자유의 이상**은 정치적 영역을 넘어 **자유시장경제**와 같은 경제 체제에도 확장되며, **결사의 자유, 종교의 자유** 등 개인의 선택권과 정부의 최소 개입 역시 **자유진영**에서는 **자유의 중요한 구성 요소**로 인식된다. 이는 공산주의 체제와는 대조적인 특징이다. 우리 **자유대한민국**은 **자유민주주의**를 수호하고, **자유평화통일**을 추구한다.

이 문장에서 '자유'라는 표현은 아래와 같이 여러 층위에서 중첩되어 나타난다:

- 실존적 외침: "자유가 아니면 죽음을 달라!"
- 정치철학적 원리: 『자유론』의 liberty
- 제도적 권리: 언론·결사·종교의 자유
- 경제적 체제: 자유시장경제
- 국가 정체성: 자유대한민국

- 지정학적 정렬: 자유진영
- 체제 통일 목표: 자유평화통일

이처럼 영어권 담론에서는 freedom과 liberty가 맥락에 따라 구분되어 사용되지만, 한국어에서는 모든 맥락이 '자유' 하나로 수렴되면서, 그 의미가 정치 담론이나 교육, 헌법 해석에서 충돌하거나 왜곡되는 일이 자주 발생한다.

특히 '자유민주주의'라는 표현은 단어만 보면 freedom과 democracy의 결합처럼 보이지만, 한국의 정치적 현실 속에서는 자주 반공주의와 친서방 외교 노선의 이념적 정당화 장치로 기능해 왔다. '자유'는 그 안에 서로 다른 가치와 입장이 뒤섞인 채 반복적으로 호출되면서 정치적 상징어, 또는 이념적 도구로 작동하고 있다.

이러한 혼재를 해소하려면, 다음과 같은 개념적 구분이 필요하다:

- freedom / free: 개인의 자율성, 표현의 자유, 실존적 해방
- liberty / liberal: 시민적 권리, 제도적 보장, 공적 참여
- anti-communism: 체제 수호 및 정치 선전의 언어

이런 구분은 단지 번역의 정확도를 높이기 위한 작업이 아니다. 언어를 통해 정치적 가치를 어떻게 구성하고 전파할 것인지에 대한 철학적 고민이며, 언어와 권력이 어떻게 작동하는지를 살피는 담론적 실

천이다. 특히 '자유민주주의'라는 말이 정치 세력에 의해 신화화되고 반복적으로 사용될 때, 그것이 내포한 언어적 책임은 더욱 크다고 할 수 있다.

이와 관련해 '자유주의(liberalism)'라는 개념 역시 지역과 맥락에 따라 매우 다르게 작동한다. 한국어에서는 '자유주의'가 종종 시장 중심의 보수 이념을 의미하지만, 미국에서는 같은 단어가 복지국가와 평등, 사회적 정의를 강조하는 진보적 의미로 쓰이기도 한다. 이러한 차이는 단어 하나로 정리할 수 없는 정치철학의 궤적을 반영한다.

예컨대, 1980년대 이후 한국에서는 하이에크나 프리드먼으로 대표되는 신자유주의 사상이 '작은 정부'와 '시장 자율'이라는 이름으로 수용되었고, 그 결과 자유주의는 보수 이념의 핵심 언어가 되었다.[11] 반면, 미국에서는 롤스의 『정의론』 이후 자유주의가 사회적 약자 보호와 재분배를 강조하는 진보적 노선으로 전개되었다.[12]

이처럼 '자유' 개념은 이사야 벌린의 소극적 자유와 적극적 자유,[13]

---

11 Friedman, Milton. 1962. *Capitalism and Freedom*. Chicago: University of Chicago Press.

Hayek, Friedrich A. 1944. *The Road to Serfdom*. London: Routledge.

Hayek, Friedrich A. 1960. *The Constitution of Liberty*. Chicago: University of Chicago Press.

12 Rawls, John. 1971. *A Theory of Justice*. Cambridge, MA: Harvard University Press.

13 Berlin, Isaiah. 1969. *Two Concepts of Liberty*. Oxford: Oxford University Press.

퀜틴 스키너의 역사적 자유 개념,[14] 그리고 한나 아렌트의 공적 자유 개념을 통해 보다 정교하게 해석될 수 있다. 아렌트가 말한 공적 자유는 단지 간섭 없는 상태가 아니라, 정치적 참여와 타자와의 관계 속에서 실현되는 능동적 자유를 뜻한다. 이는 고전적 자유주의를 넘어서는 공화주의적 자유관으로 이해할 수 있다.[15]

요약하면, '자유'라는 단어는 단일한 의미를 갖는 기호가 아니라, 다양한 정치적 가치와 이념이 얽힌 언어적 공간이다. 이 단어를 맥락에 따라 정밀하게 구분하고 사용하는 일은 단순한 문장 표현의 문제가 아니라, 민주주의의 건강성과 언어적 책임을 함께 고민해야 할 철학적 실천이다. 언어는 단지 현실을 반영하는 수단이 아니라, 그 현실을 구성하고 바꿔 나가는 힘이기도 하다.

---

14 Skinner, Quentin. 1998. *Liberty before Liberalism*. Cambridge: Cambridge University Press.

Skinner, Quentin. 2002. *Visions of Politics, Vol. 2: Renaissance Virtues*. Cambridge: Cambridge University Press.

15 Arendt, Hannah. 1958. *The Human Condition*. Chicago: University of Chicago Press.

3.6. 문화권 비교:
미국·프랑스·북한의 '이념어' 사용

정치 담론 속에서 사용되는 단어들은 단순히 무엇인가를 가리키는 명칭이 아니다. '자유', '공화국', '자주' 같은 말들은 겉보기엔 모두가 동의할 만한 보편적 가치처럼 보이지만, 실제로는 각 나라의 정치 체제와 권력 구조에 따라 전혀 다른 의미와 역할을 하게 된다.

이 절에서는 미국, 프랑스, 북한이라는 세 나라를 중심으로, 각국이 특정 단어를 어떻게 정치적으로 신화화하고 권력 질서를 정당화하는 데 활용하는지를 살펴본다. 이를 통해 우리는 언어가 단순히 현실을 반영하는 수단이 아니라, 현실 자체를 구성하고 통제하는 힘이 있음을 확인할 수 있다.

이렇게 신화화된 단어들은 '당연한 가치'처럼 보이지만, 사실은 비판을 어렵게 만들고 권력을 자연스럽게 보이게 하는 언어 전략을 품고 있다. 그렇게 만들어진 단어들은 하나의 이념을 감추고, 중립적인 표현처럼 반복되면서 사람들의 사고를 일정 방향으로 이끈다.

따라서 우리가 어떤 단어를 사용할 때는, 그 말이 만들어진 배경과 실제 어떤 역할을 하고 있는지도 함께 살펴봐야 한다. 이 비교를 통해 한국에서 '자유'라는 말이 어떻게 정치적으로 쓰이고 있는지를 다시 생각해볼 수 있다. 겉보기에는 다 같은 '좋은 말'일지라도, 그것이 어떤 권력 구조를 떠받들고 있는지에 따라 전혀 다른 의미를 가질 수 있기 때문이다.

3.6.1. 미국의 'Freedom': 보편 가치의 정치적 전략

'Freedom', 곧 '자유'는 미국 정치에서 가장 자주 등장하고 가장 중요한 단어 중 하나다. 이 말은 누구도 반대할 수 없는 보편적 가치처럼 보이며, 개인의 권리나 인권을 상징하는 이상적인 말로 받아들여져 왔다.

하지만 미국의 역사와 정치적 현실을 살펴보면, '자유'라는 말은 단지 개인의 자율성을 뜻하는 데서 그치지 않는다. 오히려 이 단어는 미국 정부가 자국의 군사 행동이나 외교 정책을 정당화할 때 자주 사용해 온 언어 도구였다.

대표적인 예가 2003년 미국의 이라크 침공이다. 당시 미국은 이 작전에 '이라크 자유 작전(Operation Iraqi Freedom)'이라는 이름을 붙였다. 미국 정부는 '자유를 확산시킨다'는 명분 아래 무력 개입을 정당화했고, 대통령 조지 W. 부시는 "그들은 우리의 자유를 미워한다"는 식의 수사를 반복하며 미국식 '자유'의 정당성과 세계적 보편성을 강조했다. 이처럼 '자유'는 단지 개인의 권리를 넘어서, 미국 중심의 세계 질서와 군사적 패권을 유지하는 상징이 되었다.

롤랑 바르트의 '신화(myth)'는 원래 가지고 있던 의미(예: 자유란 인간의 자율성과 해방이다)를 지워버리고, 그 말을 듣는 누구나 자연스럽고 당연한 것으로 여기는 상징만 남겨두는 방식이다. '자유'라는 말이 "자유를 위한 전쟁", "자유 수호"처럼 쓰일 때, 그 속에는 검열, 감시, 심지어 전쟁까지도 정당화할 수 있는 힘이 숨어 있게 된다.

결국 미국에서 '자유'는 감성적으로 긍정적이고 윤리적으로 정당한 단어처럼 보이지만, 실제로는 권력을 정당화하고 개입을 정당하는 데 사용되는 정치적 수사이기도 하다. 우리가 어떤 단어를 '보편적'이라 믿을 때, 그것이 어떤 현실을 덮고 있는지도 함께 살펴볼 필요가 있다.

3.6.2. 프랑스의 'République': 공화주의의 정치적 신화

프랑스에서 '공화국(République)'이라는 말은 단순히 정치 체제를 뜻하는 명칭을 넘어선다. 이 단어는 프랑스 혁명의 유산을 계승하며, 국민 통합, 평등, 보편주의 같은 이상을 상징하는 중심 개념으로 자리잡아 왔다. 그러나 20세기 후반 이후, '공화국'이라는 말은 점차 세속주의(laïcité), 단일한 국민 정체성, 문화적 동일성을 강요하는 장치로 변해갔다.

대표적인 사례가 2004년에 제정된 공립학교 내 종교 상징 금지법이다. 이 법은 겉으로는 '공화국의 세속 원칙'을 지키기 위한 것이라고 설명되었지만, 실제로는 무슬림 여성의 히잡 착용을 금지하면서 특정 문화나 종교적 표현을 억제하는 효과를 낳았다. 이는 프랑스 사회가 요구하는 '프랑스적 시민성'에 맞추지 못하는 사람들을 배제하거나 통제하려는 움직임으로 볼 수 있다. 이후에도 프랑스 정치 담론에서는 "공화국이 위협받고 있다(La République en danger)"는 표현이 자주 등장했고, '공화국의 질서'에 완전히 동화되지 않은 집단은 위험한 존재로 간주되곤 했다.

이런 흐름 속에서 '공화국'이라는 말은 더 이상 시민의 권리나 평등을 대표하지 않는다. 오히려 '공화국'은 국가가 원하는 동일한 정체성을 강요하고, 다양한 문화적 차이를 지우려는 정치적 기호로 작동하고 있다. 프랑스 철학자 롤랑 바르트가 말한 것처럼, 신화화된 언어는 원래의 의미를 지운 채, 누구나 당연하다고 느끼는 상식처럼 작동한다. '공화국'이라는 말 역시 그 본래 의미는 사라지고, 지금은 권력을 정당화하는 데 쓰이는 투명한 기호가 되어버린 것이다.

결국 '공화국'이라는 단어는 프랑스 혁명의 이상을 계승한다는 겉모습과 달리, 실제로는 문화적 차이를 억누르고, 타자를 배제하며, 특정한 질서를 유지하는 도구로 쓰이고 있다. 이런 점에서 프랑스의 '공화국' 역시 미국이나 한국에서 '자유'가 신화화되는 과정과 다르지 않다. 하나의 단어가 어떻게 이데올로기를 감추고, 권력을 정당화하는 수단이 되는지를 잘 보여주는 사례라 할 수 있다.

3.6.3. 북한의 '자주'와 '주체': 민족 해방 언어의 절대 이념화

북한에서 '자주'(自主)와 '주체'(主體)라는 단어는 단순한 정치 구호에 그치지 않는다. 이 두 단어는 북한 체제를 지탱하는 핵심 이념이자, 정권의 정당성을 뒷받침하는 절대적 언어로 기능해왔다. '자주'는 외부의 간섭 없이 민족이 스스로의 운명을 결정해야 한다는 뜻이고, '주체'는 타인의 지시가 아닌 자기 주도적인 판단과 행동을 강조하는 개념이다.

이런 개념들은 일제 강점기, 해방, 한국전쟁, 그리고 냉전이라는 역사적 맥락 속에서 민족주의와 반제국주의 담론과 결합하며 정착하게 되었다. 김일성 체제는 이를 '주체사상'이라는 국가 이념으로 공식화했고, 이후 이 사상은 철학이나 외교 원칙을 넘어 정권 유지와 권력 집중을 위한 언어 체계로 자리잡게 되었다.

표면적으로 보면 '자주'와 '주체'는 민족 해방, 자기 결정, 외세로부터의 독립 같은 긍정적인 가치를 담고 있는 듯하지만, 실제로는 사상 검열과 표현의 자유 억압, 정치적 다양성 차단의 도구로 사용되고 있다. 외부 정보를 받아들이는 행위는 '자주의 원칙'을 어기는 반동적 행위로 간주되고, 체제 비판이나 다른 생각의 표현은 '주체 정신'에 대한 도전으로 규정된다. 그 결과 '자주'는 외부 비판을 차단하는 수단이 되고, '주체'는 절대 권력에 대한 복종을 요구하는 수사가 되어버린다.

이런 언어 전략은 바르트의 '신화화(mythologization)' 개념과 잘 맞아떨어진다. 바르트에 따르면, 신화란 어떤 단어가 본래의 의미(기의)는 사라지고 껍데기(기표)만 남은 채, 누구도 의심하지 않는 상식처럼 작동하는 것이다. 북한에서의 '자주'와 '주체'는 현실의 복잡한 정치 문제를 설명하기보다는, 정권이 원하는 이미지와 질서를 반복적으로 재생산하는 기호로 기능한다.

결국 북한에서 '자주'와 '주체'는 반복되는 언어 사용을 통해 현실을 가리고, 권력을 정당화하며, 국민에게 체제에 대한 전면적 동의를 강요하는 상징으로 작동하게 되었다. 이와 같은 언어 전략은 한국이나 미국, 프랑스에서 '자유'나 '공화국', 'freedom' 같은 단어가 신화화되는 방식과도 유사하며, 단어 하나가 어떻게 권력과 결합해 현실을 조직하고 지배하는지를 잘 보여준다.

3.6.4. 미국·프랑스·북한 사례의 비교적 관점

미국의 Freedom, 프랑스의 République, 북한의 자주와 주체는 모두 겉보기에 보편적이고 이상적인 가치를 담고 있는 말들이다. 하지만 이 단어들은 각국의 정치적 맥락 안에서 전혀 다른 방식으로 작동해 왔고, 실제로는 권력 유지와 체제 정당화의 도구로 기능해 왔다.

표면적으로는 누구나 찬성할 수밖에 없는 단어들처럼 보이지만, 실은 특정한 정치 질서와 권력 구조를 '자연스러운 것'처럼 보이게 만드는 언어 전략으로 작동한다. 쉽게 말해, 이 단어들이 반복적으로 사용되면서 그 안에 담긴 역사적 맥락이나 이념적 편향은 사라지고, '당연한 진리'처럼 받아들여지는 것이다.

다음은 이 세 국가에서 나타나는 신화화 전략을 간단히 비교한 표다:

[표 6] 미국, 프랑스, 북한의 신화화 전략 비교

국가	신화화된 단어	표면적 의미	실제 정치적 기능	신화화 전략의 핵심
미국	Freedom	개인의 자유, 인권, 자율성	군사 개입, 감시 사회 정당화	외적 위협을 '자유 수호'라는 말로 포장함
프랑스	République	시민 주권, 평등, 세속성	이민자 통제, 무슬림 배제, 문화적 동일성 강요	세속주의를 국가 정체성과 동일시함
북한	자주/주체	민족 독립, 민중 주체성	절대 복종 강요, 정보 차단, 지도자 숭배	민족주의를 체제 충성의 언어로 바꿈

이 세 나라 모두, 말로는 누구도 반박하기 어려운 '좋은 말'을 사용하고 있지만, 실제로는 그 단어들이 각자 다른 방식으로 권력을 정당화하고 현실을 왜곡하는 데 쓰이고 있다. 예를 들어, 미국에서는 '자유'를 앞세워 전쟁과 감시 체제를 정당화하고, 프랑스에서는 '공화국'을 이유로 소수자들을 배제하며, 북한에서는 '자주'와 '주체'를 통해 지도자 중심의 체제를 고착시킨다.

롤랑 바르트가 말했듯이, 이런 단어들은 원래 어떤 의미를 가졌는지조차 잊혀진 채, 그저 '상식'처럼 받아들여진다. 그리고 바로 그 점에서, 이 단어들은 권력이 언어를 통해 현실을 어떻게 지배하고 구성하는지를 잘 보여주는 상징이 된다.

3.7. '민주주의' 번역과 언어결정론

인지과학자 레라 보로디츠키(Lera Boroditsky)는 다양한 언어권의 사례를 통해 언어가 인간의 사고를 어떻게 형성하는가를 실험적으로 증명했다.[16] 그녀의 연구에 따르면, 호주의 원주민 언어 Kuuk Thaayorre처럼 방향어(동·서·남·북) 중심의 언어를 사용하는 화자는 탁월한 공간지각 능력을 보인다. 또한 문법적 성(gender)을 가진 언어에서는 사물에 대한 인상과 감정적 평가가 성별 범주에 따라 달라지며, 사건을 기술하는 문법 구조 역시 인과 관계와 책임 인식의 차이를 만들어 낸다.

이러한 실험들은 강한 형태의 언어결정론(language determinism)을 지지하지는 않지만, 언어가 사고에 미치는 상대적 영향력(language relativity)을 분명히 보여준다.[17]

이 언어상대론의 관점을 정치 담론의 번역 문제에 적용해 보면 흥미로운 결론이 도출된다. 특히 영어의 democracy가 한국어로 '민주주의'로 번역되는 과정은 언어가 사회적 사고와 정치적 인식을 어떻게

---

16 Boroditsky, L. (2001). Does language shape thought? Mandarin and English speakers' conceptions of time. *Cognitive Psychology*, 43(1), 1-22.

17 https://www.youtube.com/watch?v=I64RtGofPW8&t=27s (How Language Shapes Thought | Lera Boroditsky)

규정하는지를 잘 보여주는 사례다.

표면적으로는 'democracy'를 '민주주의'로 옮기는 것이 전혀 이상하지 않다. 실제로 liberalism은 '자유주의', socialism은 '사회주의', capitalism은 '자본주의', communism은 '공산주의'로 번역되므로, 형태상 자연스러운 대응처럼 보인다.

그러나 democracy는 본래 특정한 이념(ideology)이 아니라 통치체제의 한 형태(form of government)를 가리키는 말이다. 그리스어 demos(민중)와 kratos(지배)에서 유래한 이 단어는 '민중의 지배', 곧 권력의 주체가 누구인가를 규정하는 정치 구조를 설명한다. 반면 자유주의나 사회주의, 공산주의 등은 각각 특정한 가치와 철학을 내포한 이념이다.

이 차이를 무시한 채 democracy를 '민주주의'로 번역하면, 접미사 '-주의(主義)'가 그 단어를 이념적 신념체계로 재범주화한다. 그 결과 democracy는 왕정(monarchy), 귀족정(aristocracy), 과두정(oligarchy), 공화정(republic)과 병렬되는 정치 체제의 개념으로 이해되기보다는, 자유주의나 사회주의와 같은 도덕적 우위를 지닌 가치 이념처럼 인식된다.

한국 사회에서 '민주주의'는 이러한 혼용 속에서 종종 '정의롭고 옳은 정치'의 상징으로 신성화되며, '반민주', '친민주세력' 등의 정치 구도를 형성하는 이념적 표식어로 작동해 왔다. 그 결과 democracy 본래의 제도적·절차적 성격은 희미해지고, '민주주의'는 정치적 정당성의 언어로만 남게 된다.

이 현상은 언어결정론이 경고하는 바와 정확히 맞닿아 있다. 단어의 선택은 단순한 어휘 문제가 아니라, 사고의 구조와 인식의 틀을 규정하는 행위다. '민주주의'라는 번역어는 접미사 '주의'의 의미 체계를 통해 democracy를 이념적 사상으로 고착시키며, 결과적으로 '민주주의'는 비판 불가능한 도덕 원리이자 신화적 언어로 자리 잡는다. 보로디츠키의 연구가 보여주듯, 언어는 우리의 주의(attention)를 특정 방향으로 이끌고, 기억(memory)과 판단(judgment)의 구조마저 제한한다.

이러한 문제를 바로잡기 위한 한 가지 제안은 democracy를 '민주정(民主政)'으로 번역하는 것이다. '정(政)'은 정치 체제나 통치 형태를 뜻하므로, 왕정·귀족정·공화정과 병렬적 관계를 형성할 수 있고, democracy의 구조적 의미(formal meaning)를 보다 정확히 반영한다. 물론 '민주주의'라는 용어가 이미 일상 언어와 공적 담론에 깊이 뿌리내린 현실을 고려하면 완전한 대체는 어렵다. 그러나 용어의 기원과 이념적 함의를 성찰하고, 필요할 경우 '민주정'과 같은 개념적 구분을 병행하여 사용하는 것은 언어적 투명성을 회복하는 최소한의 지적 실천이 될 수 있다.

흥미롭게도, 반대로 자본주의·사회주의·공산주의처럼 원래 이념을 지칭하던 단어들은 오늘날 실제 정치 체제를 가리키는 표현으로도 자주 사용된다. 이러한 변화는 democracy의 번역어 '민주주의'가 체제와 이념의 경계를 혼동시킨 결과일 수 있다.

언어 사용 빅데이터 분석에 따르면, '자유민주주의'나 '민주주의'는 정치적 이념으로 쓰이는 빈도가 높은 반면, '자본주의', '사회주의', '공산주의'는 오히려 사회 체제나 경제 구조를 지칭하는 용례가 많다.[18] 이는 언어가 개념 간 위계를 형성하고 의미 관계를 확상하는 방식 자체가 언어상대성의 또 다른 사례임을 보여준다.

결국 '민주주의'라는 번역어는 democracy를 제도적 구조에서 이념적 신념으로 변형시키는 언어적 장치로 작용해 왔다. 언어는 생각을 표현하는 도구이면서 동시에 생각의 가능성을 규정하는 틀이다. 따라서 정치 개념의 번역이나 사용에 있어 우리는 그 용어의 개념적 정확성, 언어적 효과, 담론적 함의를 함께 고려해야 한다.

번역의 선택은 곧 사고의 선택이다. 언어가 사고를 형성한다면, 개념의 번역은 곧 세계를 바라보는 방식을 결정한다. 그렇기에 정치 언어의 번역은 단순한 어휘적 대응이 아니라, 사유의 윤리와 해석의 책임이 걸린 철학적 행위임을 잊지 말아야 한다.

---

18 조용준·안희돈. 2025. 「민주주의」. 준비중.

3.8. 결론: 말의 정치성
우리가 쓰는 언어가 우리를 만든다

이 장은 '자유'라는 단어가 어떻게 언어적 신화로 구축되고 정치적으로 작동해 왔는가를 추적해 보았다. 표면적으로 '자유'는 누구나 동의할 수 있는 보편적 가치로 보이지만, 실제로는 교육, 헌법, 정치 담화, 그리고 번역의 과정 속에서 특정한 역사적·이념적 맥락과 결합해 왔다. 그 결과 '자유'는 단지 개인의 권리나 제도적 보장을 뜻하는 중립적 기표가 아니라, 반공주의·시장경제·국가 정체성을 정당화하고, 반대 담론을 배제하는 수사적 장치로 기능해 왔다.

미국의 freedom, 프랑스의 République, 북한의 '자주'와 '주체'처럼, 각국에서 신화화된 언어들은 반복 사용을 통해 역사적 맥락을 지우고 '자연스러운 진리'로 자리 잡는 과정을 거친다. 언어는 이념을 감추면서 동시에 그것을 강화한다. 특히 한국에서 democracy를 '민주주의'로 번역한 사례는, 언어결정론이 경고하는 사고의 틀 고착을 잘 보여준다. 접미사 '주의(主義)'는 정치 체제를 이념으로 전환시켜 비판의 가능성을 축소시키고, '자유민주주의'라는 표현은 자유와 민주, 두 개의 핵심 가치를 모두 특정 정치 진영의 상징어(symbolic marker)로 포섭해 버린다.

이처럼 단어의 선택은 단순한 표현상의 문제가 아니다. 그것은 사고의 방향을 설정하고, 정치적 가능성을 규정짓는 행위이다. 언어는 현실을 비추는 거울이 아니라, 현실을 설계하고 한정하는 구조적 틀이다. 따라서 '자유'를 비롯한 핵심 정치 개념은 그 기원, 변천, 담론적 맥락을 면밀히 검토해야 하며, 필요하다면 개념적 구분(예: 민주주의/민주정, 자유/리버티(liberty)/프리덤(freedom))을 병행해 사용해야 한다.

언어의 구조를 비판적으로 인식하는 일은 곧 정치적 상상력의 조건을 확장하는 일이다. '자유'의 정치성과 신화화를 성찰한다는 것은 단순히 한 단어의 의미를 따지는 작업이 아니라, 언어가 권력과 이념을 조직하는 방식을 해체하고, 새로운 말하기의 가능성을 여는 일이다.

결국 우리가 쓰는 언어가 곧 우리를 만든다. 언어의 정치성을 자각하는 순간, 우리는 단어를 소비하는 존재에서 벗어나, 의미를 새롭게 구성하는 담론의 주체로 거듭난다. '자유'를 다시 묻는 일은, 곧 언어를 통해 민주주의를 새롭게 상상하는 일이다.

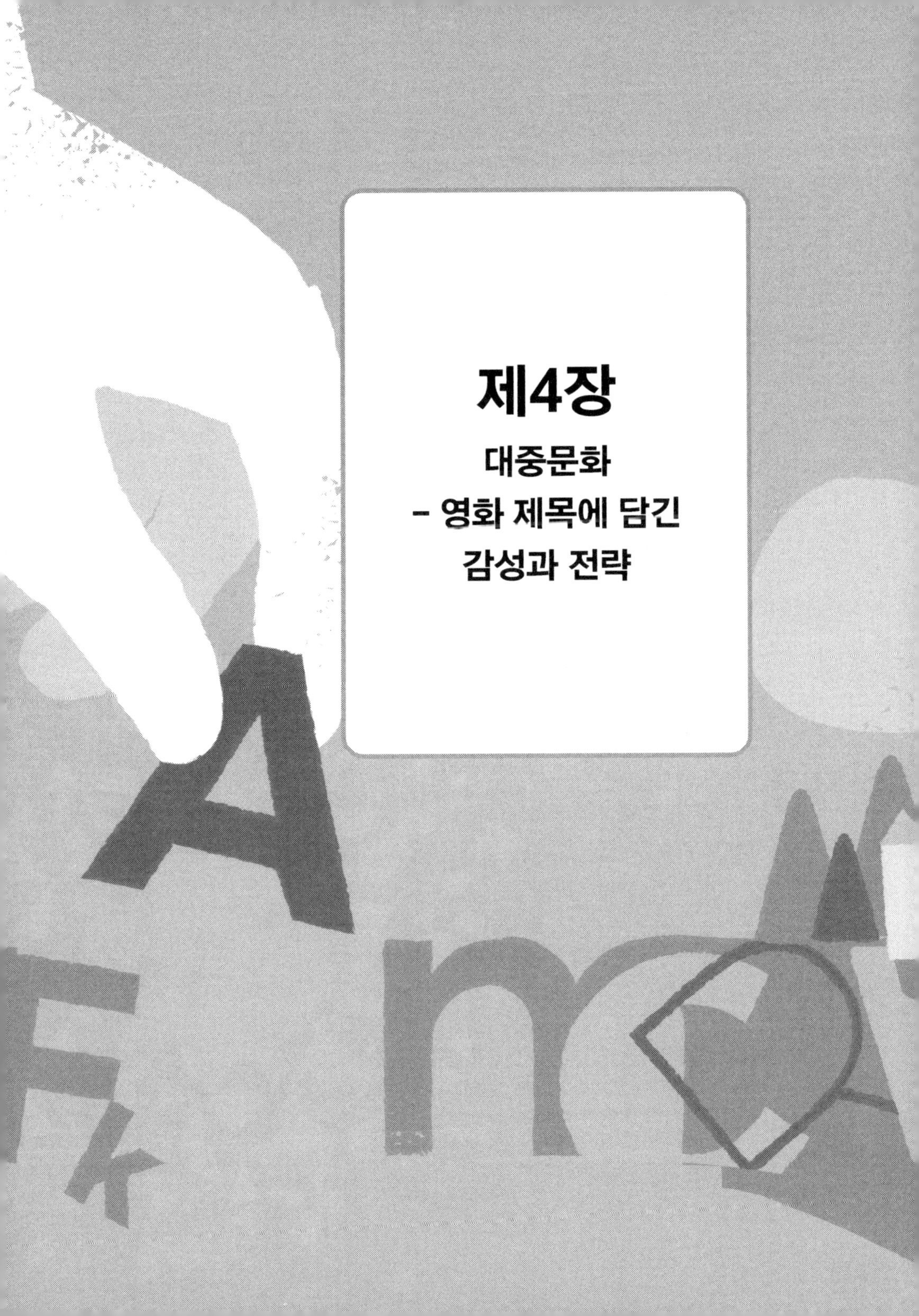

제4장

대중문화
- 영화 제목에 담긴
감성과 전략

제4장

대중문화 — 영화 제목에 담긴 감성과 전략

4.1. 서론: 영화 제목 번역은 왜 중요한가

영화 제목은 관객이 한 작품과 가장 먼저 조우하는 언어적 창(窓)이다. 제목을 통해 관객은 영화의 정서적 분위기, 장르적 기대, 감정의 흐름을 미리 감지하며, 그 첫인상은 작품 전체에 대한 해석의 방향을 결정짓는다. 따라서 제목은 단순한 명칭이 아니라, 감성과 메시지를 압축적으로 구현하는 언어적 장치라 할 수 있다.

원제의 의미를 충실히 옮기는 일도 중요하지만, 그보다 더 본질적인 과제는 문화적 맥락과 언어 감수성을 반영해 제목을 재구성하는 일이다. 언어마다 정서의 표현 방식과 감정의 호소 구조가 다르고, 문화권마다 익숙한 서사적 코드와 수용의 리듬이 존재하기 때문이다. 같은 영화라도 어느 문화에서 수용되느냐에 따라 공감의 결이 달라지고, 그에 따라 제목의 번역 전략도 달라져야 한다.

좋은 번역 제목은 단순히 의미를 옮기는 것을 넘어, 관객의 감성적 기대를 예민하게 읽어내는 작업이다. 짧고 인상적인 제목일수록 기억에 오래 남고, 감정의 여운을 정확히 짚어낼수록 더 넓은 관객층의 관심을 끌 수 있다. 그러므로 영화 제목 번역은 언어, 문화, 상업 전략이 교차하는 접점에서 이루어지는 고도의 창작 행위이자, 번역학적으로도 흥미로운 연구 대상이다.

이 장에서는 다양한 영화 제목 번역 사례를 통해, 제목이 어떻게 문화적 조정을 거치고, 관객의 감성 기대에 어떤 방식으로 영향을 주는지를 살펴보고자 한다. 번역이 단순한 언어 전환이 아니라 문화적 상호작용과 전략적 선택이라는 점을 함께 짚어보려 한다.

4.2. 로컬라이제이션 사례 분석

영화 제목을 번역할 때 가장 중요한 전략 중 하나는 바로 문화적 현지화(cultural localization)다. 단순히 원제의 의미를 그대로 옮기는 것이 아니라, 각 나라의 정서, 언어 습관, 그리고 장르에 대한 기대에 맞춰 감정적 공감과 문화적 수용성을 높이려는 방식이다.

같은 영화라도 문화권에 따라 감동을 느끼는 포인트나 분위기를 받아들이는 방식이 다르기 때문에, 현지 관객의 감성과 기대에 어울리는 제목을 선택하는 일이 중요하다. 다음에서 소개할 사례들은 하나의 영화가 다양한 나라에서 어떻게 다르게 번역되고 받아들여졌는지를 보여준다. 이 사례들을 통해, 영화 제목이 단순한 언어 번역이 아니라 문화와 감성을 연결하는 다리 역할을 한다는 점을 살펴볼 수 있다.

4.2.1. 문화 정서에 따른 조정

같은 영화를 두고도, 나라에 따라 제목이 완전히 다르게 번역되는 경우가 많다. 이는 각국의 관객들이 어떤 정서에 공감하는지를 고려해 제목을 조정하기 때문이다.

예를 들어, Home Alone은 한국에서는 '나 홀로 집에'라는 제목으로 소개되었다. 원제의 의미를 간결하면서도 정확하게 전달한, 매우 성공적인 번역이다. 이 제목은 주인공 소년이 집에 혼자 남겨졌다는 설정을 단순하고 직관적으로 보여주기 때문에, 어린이와 부모 모두에게 쉽게 와닿는다.

반면 프랑스에서는 'Maman, j'ai raté l'avion'("엄마, 나 비행기 놓쳤어")라는 제목으로 번역되었다. 이 제목은 사건의 출발점이 되는 '비행기를 놓친 장면'을 강조하면서도, 아이가 엄마에게 말하는 형식을 통해 감성적으로 공감할 수 있도록 구성되어 있다.

이처럼 각국의 번역은 단순히 내용을 옮기는 것이 아니라, 관객이 어디에서 감정을 이입할지를 고려해 정서적 공감대를 형성하는 방향으로 전략적으로 조정된 사례라고 할 수 있다.

4.2.2. 감성적 재해석이 돋보이는 번역 사례

영화 제목 번역이 단순히 원래 의미만 전달하는 것이 아니라, 감성적인 울림과 장르적인 기대까지 고려할 때, 그것은 단순한 기술을 넘어선 문화적 해석의 결과라고 할 수 있다. 실제로 한국에서는 원제를 그대로 옮기기보다는, 작품의 분위기와 정서를 새롭게 해석해 관객의 감성에 더 깊이 와닿도록 만든 번역 사례들이 많다.

예를 들어 Basic Instinct는 한국에서 '원초적 본능'이라는 제목으로 소개되었다. 이 번역은 원래 의미를 살리면서도 인간 내면의 원시적인 욕망을 강조해 스릴러 장르의 긴장감을 잘 전달한다. 일본에서는 '얼음 같은 미소(氷の微笑)', 대만에서는 '제6감 추적령(第六感追緝令)', 독일에서는 '치명적 욕망(Tödliche Begierde)'이라는 식으로 각 나라의 문화와 정서에 맞게 다르게 번역되었지만, 한국 제목은 간결하면서도 상징적인 면에서 특히 좋은 평가를 받고 있다.

The Day After Tomorrow는 한국에서 '투모로우'라는 간결한 제목으로 바뀌었다. 원제의 의미를 과감하게 생략했지만, 재난이 닥칠 미래에 대한 긴장감은 오히려 더 직관적으로 전달된다. 일본 'デイ・アフター・トゥモロー'은 영어 발음을 그대로 음역했고, 중국 '后天'

과 러시아 'Послезавтра', 폴란드 'Pojutrze'등은 '모레'라는 날짜 표현을 선택했다. 한국어 번역은 간단하면서도 장르적 분위기와 상업적 감각을 동시에 고려한 결과라 볼 수 있다.

이 외에도 '내일을 향해 쏴라'(Butch Cassidy and the Sundance Kid), '우리에게 내일은 없다'(Bonnie and Clyde), '천국보다 아름다운'(What Dreams May Come), '벤자민 버튼의 시간은 거꾸로 간다'(The Curious Case of Benjamin Button), '금발이 너무해'(Legally Blonde), '사랑의 블랙홀'(Groundhog Day) 같은 번역은 모두 원제를 그대로 옮기지 않고, 한국 관객의 감성에 맞게 내용을 재구성한 사례들이다. 특히 '그 여자 작사 그 남자 작곡'(Music and Lyrics)은 원제의 다소 평범한 느낌을 극복하고, 감정 구조와 관계의 스토리를 잘 드러낸 제목으로, 번역이 단순한 전달이 아니라 창작에 가까운 작업이 될 수 있음을 보여준다.

이런 감성적 재해석 가운데 가장 인상적인 예는 Ghost의 번역이다. 한국에서는 '사랑과 영혼'이라는 제목으로 소개되었는데, 이 제목은 단순한 유령 이야기가 아닌 초자연적 로맨스를 감성적으로 아름답게 담아냈다는 평가를 받는다. 일본은 ニューヨークの幻 '뉴욕의 환상', 중국과 대만은 人鬼情未了 '사람과 귀신의 미완의 사랑'이나 第六感生死戀 '생사의 사랑'처럼 좀 더 직접적인 감정 표현을 사용했다. 프랑스, 독일, 스페인에서도 각각 Fantôme d'amour '사랑의 유령', Nachricht von Sam '샘의 메시지', Más allá del amor '사랑을 넘

어서' 같은 부제를 달아 내놓았지만, '사랑과 영혼'만큼 간결하면서도 작품의 중심 정서를 잘 담아낸 제목은 드물다.

4.2.3. 문화적 맥락을 적극 해석한 사례

영화 제목을 번역할 때는 단순히 원래 의미만 옮기는 것이 아니라, 그 나라의 문화적 정서와 장르에 대한 기대를 고려해 더 적극적으로 해석해야 할 때가 있다. Frozen은 그 대표적인 사례다. 한국에서는 이 영화를 '겨울왕국'이라는 제목으로 소개했다. 원래 제목인 'Frozen'은 얼어붙은 상태를 뜻하지만, 한국어 제목은 그 개념을 동화적인 판타지 세계로 바꿔 놓았다. 눈과 얼음으로 뒤덮인 왕국이라는 이미지가 자연스럽게 연상되며, 어린이와 가족 관객에게 친숙하고 환상적인 분위기를 효과적으로 전달한다.

반면 일본은 '안나와 눈의 여왕(アナと雪の女王)'이라는 제목을 택했다. 여기서는 익숙한 동화인 '눈의 여왕'이라는 모티프에 주인공 안나의 이름을 덧붙여 이야기에 더 쉽게 다가갈 수 있도록 했다. 중국(대륙)과 대만에서는 '빙설기연(冰雪奇缘)'이라는 제목을 사용했는데, '얼음과 눈의 기묘한 인연'이라는 뜻으로, 감성적이면서도 로맨틱한 분위기를 강조했다. 러시아에서는 '차가운 마음(Холодное сердце)', 독일에서는 '완전히 얼지 않은 얼음 여왕(Die Eiskönigin - Völlig unverfroren)', 스페인에서는 '얼음 왕국(El reino del hielo)', 터키에서는 '눈의 나라(Karlar Ülkesi)'처럼, 각국의 정서와

언어 감각에 맞춰 다양한 방식으로 번역되었다. 이처럼 같은 영화를 어떻게 받아들이고 표현하느냐는 문화적 맥락에 따라 매우 다양하게 나타난다.

The Secret Life of Walter Mitty도 흥미로운 예다. 한국에서는 '월터의 상상은 현실이 된다'라는 제목으로 소개되어, 원제에 담긴 의미를 보다 감성적으로 풀어냈다. 이 제목은 주인공이 상상 속에서만 살던 삶을 실제로 실현해가는 이야기 구조를 잘 드러내며, 관객의 공감을 이끌어낸다. 일본의 ウォルター・ミティの祕密の生活과 중국의 沃尔特·米提的祕密生活은 '월터 미티의 비밀 생활'이라는 원제를 그대로 옮긴 제목을 사용했고, 프랑스의 La Vie rêvée de Walter Mitty '꿈꾸는 삶', 이탈리아의 I sogni segreti di Walter Mitty '비밀스러운 꿈', 스페인의 La increíble vida de Walter Mitty와 러시아의 Невероятная жизнь Уолтера Митти의 '믿을 수 없는 삶', '놀라운 삶' 등 감성을 극대화하는 방향으로 번역했다.

Night at the Museum은 한국에서 '박물관이 살아있다'라는 제목으로 바뀌었다. 이 제목은 원제의 배경 설정을 더 구체적이고 생생하게 전달하며, 상상력을 자극한다. 일본의 ナイト ミュージアム은 '나이트 뮤지엄'이라는 영어 발음을 그대로 사용했고, 중국(대륙)의 博物馆奇妙夜 '박물관의 신기한 밤', 대만의 博物館驚魂夜 '박물관의 놀라운 밤'처럼 판타지적 요소를 강조했다. 프랑스의 La Nuit au musée도 '박물관에서의 밤'이라는 제목을 사용해 이야기의 시간과

장소를 중심에 놓았다.

이처럼 각국의 번역 사례를 보면, 단순히 단어를 바꾸는 것이 아니라, 그 나라의 관객이 어떻게 받아들이고 감성적으로 반응할지를 고려한 전략적 선택이 많다. 문화적 맥락을 반영하고 장르적 기대에 부응하는 방식으로 제목을 해석한 경우, 번역은 단순한 언어 전달을 넘어 작품의 감성을 다시 만들어내는 창의적인 작업이 될 수 있다.

4.2.4. 의미 손실 및 장르 오독의 사례[19]

모든 영화 제목 번역이 성공적인 것은 아니다. 그중에서도 Lost in Translation의 한국어 제목인 「사랑도 통역이 되나요」는 대표적인 문제 사례로 자주 언급된다. 이 제목은 원제가 담고 있는 핵심 주제—즉 문화적 이질감(cultural dislocation)과 언어적 오해(linguistic miscommunication)—를 제대로 전달하지 못하고, 오히려 로맨틱 코미디처럼 가볍고 감성적인 분위기를 풍기기 때문이다.

특히 'translation'이라는 단어는 본래 '번역'을 뜻하지만, 한국어 제목에서는 이를 '통역'으로 바꾸어 용어의 정확성도 흐려졌다. 이로 인해 관객은 이 영화가 소통의 어려움과 존재적 고독을 다룬 섬세한 드라마라는 점보다는, 단순한 연애 이야기로 착각할 가능성이 높아진다.

---

19 관련 논의는 다음 논문 참조:
Kim, Wook-Dong 2017. Lost in Translation: (Mis)Translation of Foreign Film Titles in Korea. *Babel: International Journal of Translation* 63(5): 729-745.

흥미로운 점은 이 영화의 제목이 각국에서 어떻게 다르게 번역되었는지를 보면, 원제가 지닌 중의적 의미와 철학적 함의가 어떻게 유지되거나 사라졌는지를 비교해볼 수 있다는 것이다. 일본에서는 원제의 영어 발음을 그대로 옮긴 『ロスト·イン·トランスレーション』이 사용되어 의미 전달보다는 브랜드 유지에 집중했다. 중국 본토에서는 '도쿄에서 길을 잃다(迷失東京)'라는 제목으로 공간적 배경을 강조했고, 대만은 '사랑은 번역이 필요 없다(愛情, 不用翻譯)'라는 감성적 제목을 택해 문화적 거리보다 감정적 교감에 초점을 맞췄다.

또한 스페인어권 라틴아메리카에서는 '도쿄에서 길을 잃다(Perdidos en Tokio)', 이스라엘에서는 '도쿄에서 길을 잃은 사람들(Avudim be-Tokyo)', 폴란드에서는 '단어 사이에서(Między Słowami)'라는 번역이 사용되었다. 특히 폴란드어 제목은 두 인물 사이의 미묘한 감정과 소통의 부재를 '단어 사이의 여백'이라는 메타포로 잘 포착했다는 평가를 받는다.

결국 Lost in Translation은 그 제목 자체가 '번역 과정에서 사라지는 의미들'을 다루고 있기 때문에, 각국에서 이 제목을 어떻게 번역하느냐는 곧 그 영화가 전달하려는 메시지를 재현하거나 왜곡하는 중요한 행위가 된다. 이 사례는 제목 번역이 단지 말의 문제가 아니라, 영화에 대한 관객의 첫 인상을 형성하고 장르적 인식을 형성하며, 나아가 작품 해석의 방향까지 좌우할 수 있다는 사실을 보여준다. 그래서 제목을 어떻게 번역하느냐는 사소한 일이 아니라, 번역자의 해석력과 문화 감각이 고스란히 드러나는 지점이라 할 수 있다.

4.2.5. 상업적 오용의 사례

때로는 영화 제목 번역이 단순한 오역을 넘어서, 상업적인 목적을 앞세운 왜곡으로 이어지기도 한다. 대표적인 예가 프랑스 영화 Wasabi의 한국어 제목 「와사비: 레옹 파트 2」이다. 이 제목은 배우 장 르노가 주연이라는 이유 하나만으로, 전혀 관련 없는 영화 Léon: The Professional의 속편처럼 포장한 경우다. 하지만 두 영화는 감독도 다르고, 줄거리나 세계관, 장르적 연관성도 전혀 없다.

그럼에도 불구하고 국내 배급사는 이 영화를 '레옹의 두 번째 이야기'처럼 마케팅하면서, Léon에 대한 대중의 향수와 감정적 기대를 자극해 흥행을 유도하려 했다. 결과적으로 이는 관객의 기대를 의도적으로 왜곡한 사례로, 영화의 정체성을 훼손하고 소비자의 선택을 착각하게 만든 셈이다.

이처럼 상업적 오용은 단순히 번역 실수라기보다, 관객을 속이고 작품의 의미를 왜곡하는 행위로 볼 수 있다. 실제로 「와사비: 레옹 파트 2」는 국내외에서 '최악의 번역 제목' 중 하나로 자주 언급되며, 번역과 마케팅이 어떻게 현실을 조작할 수 있는지를 잘 보여주는 대표적인 사례로 꼽힌다.

이러한 사례는 번역이 단지 정보를 전달하는 수단이 아니라, 때로는 오해를 유도하고 의미를 왜곡하는 도구가 될 수도 있다는 점을 환

기시킨다. 따라서 번역자와 배급사는 단지 상품을 팔기 위한 전략이 아니라, 작품에 대한 올바른 정보와 정직한 소통을 책임진다는 점을 늘 유념해야 한다. 번역에는 그만큼 윤리적 책임이 따른다.

4.2.6. 요약

결국 영화 제목을 번역한다는 것은 단순히 외국어를 우리말로 옮기는 작업이 아니다.

그것은 문화적 정체성, 장르적 감수성, 상업적 전략이 복합적으로 얽혀 있는 문화적 판단의 결과물이다. 제목 번역이 성공할 때, 그것은 단순한 언어의 치환이 아니라 감정의 재구성이자 새로운 창작 행위가 된다. 번역자는 원작의 정서와 분위기를 현지 관객의 언어 감각 속에서 다시 살아 움직이게 함으로써, 관객의 감성과 자연스럽게 공명하는 다리를 놓는다.

반대로 번역이 어긋나면, 제목은 오해를 불러일으키거나 영화의 장르적 뉘앙스를 제대로 전달하지 못하게 된다. 심할 경우, 원작이 전하고자 했던 메시지의 중심이 흐려지거나 왜곡되어, 관객이 영화의 본질을 다른 방향으로 해석하게 만들 수도 있다.

따라서 영화 제목 번역은 언어의 문제가 아니라 문화적 이해와 해석의 문제, 즉 서사의 일부이자 수용의 장치다. 번역자는 언어 전문가이자 문화의 해석자이며, 동시에 감성의 조율자다. 그는 단어 하나를 선택할 때조차 언어, 문화, 감정, 그리고 관객의 기대를 함께 고려해야 한다.

그럴 때 비로소 영화 제목 번역은 단순한 전달이 아닌, 관객과 영화 사이를 잇는 예술적 교섭의 행위가 된다.

4.2.7. 사랑의 기술인가, 사랑의 예술인가

영화 제목을 번역할 때 단순히 외국어를 우리말로 바꾸는 것만으로는 충분하지 않다.

그 속에는 원작이 지닌 뉘앙스의 미세한 결, 문화적 맥락, 그리고 관객이 받아들일 정서적 온도까지 함께 고려되어야 한다. 이 문제는 문학이나 철학서의 제목 번역에서도 마찬가지다. 에리히 프롬(Erich Fromm)의 대표작 The Art of Loving은 그 대표적인 사례다.

■ Loving과 Art의 의미

이 책은 전 세계 독자에게 사랑을 단순한 감정이 아니라, 꾸준한 훈련과 성찰이 필요한 삶의 예술로 제시한 고전이다. 그러나 한국어 번역 제목은 대부분 『사랑의 기술』로 알려져 있다. 겉보기에는 자연스럽고 간결하지만, 원제가 지닌 뉘앙스를 살펴보면 이야기가 달라진다.

우선, 원제는 The Art of Love가 아니라 The Art of Loving이다. 이 차이는 결정적이다. Love가 추상적 개념이라면, Loving은 '사랑하기'라는 구체적 행위와 과정을 가리킨다. 프롬은 사랑을 '갖는 것(having)'이 아니라 '하는 것(doing)'으로 보았다. 즉, 사랑은 소유의 대상이 아니라 지속적 실천의 형태, 곧 예술적 행위로 이해되어야 한다. 또한 Art는 단순한 기술(skill)이 아니라, 몰입과 수련, 창조적 감수성을 요구하는 삶의 예술이다.

■ 언어별 번역 비교

프롬의 책은 각 언어권에서 조금씩 다르게 번역됐다.

- **한국어**: 『사랑의 기술』. 가장 널리 알려졌지만, 행위성(loving)은 약화된다. "사랑하는 법"은 자연스럽지만, 예술적 깊이를 덜 담는다.
- **일본어**: 『愛するということ』(사랑한다는 것). 부드럽게 행위성을 살려낸다. 부제에서는 "사랑은 기술이다"라는 보완 설명을 붙인다.
- **중국어**: 《爱的艺术》(사랑의 예술). Art를 예술로 옮겨 창조적 실천의 의미를 강조한다.
- **독일어**: 『Die Kunst des Liebens』(사랑하기의 예술). 프롬의 모국어에서도 '예술(Kunst)'이 그대로 유지된다.
- **스페인어·프랑스어·이탈리아어**: 모두 "사랑하는 예술"로 번역, 철학적 깊이를 살렸다.

전반적으로 유럽 언어권은 art를 '예술'로 옮기고, loving을 동사형으로 살리는 경향이 강하다. 반면, 한국어나 일본어는 독자 친화성을 고려해 더 실용적이고 부드러운 표현을 택했다.

■ 영화 제목 번역과의 평행선

이 문제는 영화 제목 번역에서 흔히 나타나는 딜레마와 닮아 있다. 예를 들어, *Eternal Sunshine of the Spotless Mind*는 한국에서 『이터널 선샤인』으로 단순 축약되었다. 원제의 시적이고 철학적인 울림은 약화되었지만, 관객이 기억하기에는 훨씬 쉽다. 반대로 원제를 충실히 옮기면 "티 없이 맑은 정신의 영원한 햇살" 같은 다소 어색한 제목이 되었을 것이다.

프롬의 책도 마찬가지다. 원제의 깊이를 살리자니 무겁고, 대중 친화적으로 옮기자니 핵심이 희석된다. 결국 제목 번역은 의미의 정확성과 수용의 용이성 사이에서 끊임없이 균형을 모색하는 예술이 된다.

■ 결론: 이중 전략의 필요

프롬의 메시지는 분명하다. 사랑은 타고나는 본능이 아니라, 평생 배워야 하는 예술이라는 것이다. 따라서 원제를 충실히 살리려면 『사랑하는 예술』이라는 번역이 가장 충실하다. 하지만 한국어 문화권에서는 "사랑의 기술"이나 "사랑하는 법"이 훨씬 자연스럽다.

따라서 가장 현실적인 해법은 이중 전략이다.

- 제목에서는 대중적으로 익숙한 표현(예: 『사랑의 기술』)을 유지하되,
- 서문이나 해설에서는 원제의 의도와 철학적 깊이를 충분히 설명하는 것이다.

즉, 프롬이 말하는 'Art'는 단순한 skill이 아니라 삶을 다루는 감성적 예술이며, 사랑하기(loving)는 그 예술의 실천 형식임을 밝혀야 한다.

이 균형은 영화 제목 번역의 전략과도 맞닿아 있다. 쉽게 다가가되, 의미의 결을 놓치지 않는 번역. 그 지점에서 번역은 단순한 언어적 전환이 아니라, 감성과 철학이 만나는 해석의 예술이 된다.

4.3. 오역 유형별 고찰[20]

영화 제목은 단순히 작품을 지칭하는 이름이 아니다. 제목은 영화의 분위기나 감성의 결을 암시하고, 이 작품이 어떤 이야기를 담고 있는지를 문화적으로 예고하는 중요한 장치다. 그래서 제목을 다른 언어로 옮길 때는 단어만 바꾸는 수준을 넘어서, 그 안에 담긴 정서와 맥락까지 함께 고려해야 한다.

제목 번역이 원래의 의미나 감성을 제대로 담아내지 못하거나, 문화적 차이를 충분히 반영하지 못할 경우 오해를 낳거나 작품의 성격 자체를 왜곡할 위험이 있다. 영화 제목은 짧은 표현이지만, 그 하나의 표현이 관객의 기대를 바꾸고, 영화에 대한 해석 방향을 좌우할 수 있

20 이 절은 전체적으로 다음 논문을 많이 참조하였다. 귀한 옥고를 보내주신 김욱동 교수님께 감사드립니다.
Kim, Wook-Dong 2017. Lost in Translation: (Mis)Translation of Foreign Film Titles in Korea. *Babel: International Journal of Translation* 63(5): 729-745.

기 때문에 더욱 신중하게 접근해야 한다. 이런 점에서 제목 번역은 단순한 기술이 아니라, 하나의 해석이자 문화적 판단이라고 볼 수 있다.

이 절에서는 영화 제목 번역에서 자주 발생하는 대표적인 오역 유형들을 살펴보려 한다. 예를 들어, 소리가 비슷하거나 철자가 비슷한 단어를 혼동하는 경우(동음이의어, 동철이의어), 고유명사와 일반명사를 제대로 구분하지 못한 사례, 음역(발음을 그대로 옮기는 방식)과 의역(의미를 풀어서 옮기는 방식)을 적절하게 선택하지 못한 경우 등이 있다. 또한 등장인물이나 개념의 정체성을 오해한 번역은 관객의 인식과 영화의 메시지를 왜곡하는 결과로 이어지기도 한다.

이런 오역들은 단순한 실수라기보다는, 언어와 문화가 만나는 지점에서 생기는 해석의 충돌일 수도 있다. 동시에, 번역자가 얼마나 문화적 감수성을 갖고 있는지, 얼마나 해석자로서의 책임을 다하고 있는지를 보여주는 지표이기도 하다.

따라서 이 절의 목적은 영화 제목 번역에서 자주 발생하는 오역 유형을 분석하면서, 그 언어적·문화적 의미를 되짚고, 좋은 번역이란 어떤 조건을 갖추어야 하는지, 번역자가 어떤 감수성과 책임을 가져야 하는지를 함께 생각해보는 데 있다. 영화 제목 하나에도 언어 이상의 해석과 문화 이해, 그리고 윤리가 함께 담겨 있다는 사실을 강조하고자 한다.

4.3.1. 동음·동철이의어 혼동

영화 제목을 번역할 때 단어가 여러 뜻을 가질 수 있거나, 문맥에 따라 해석이 달라지는 경우가 있다. 이럴 땐 제목의 핵심 주제나 정서를 잘못 전달할 위험이 크다. 특히 동음이의어나 철자가 같지만 뜻이 다른 단어(동철이의어)를 잘못 해석하면, 단순한 실수를 넘어서 작품의 정체성과 메시지를 크게 왜곡하는 결과로 이어질 수 있다.

예를 들어 Dead Poets Society는 한국어로 「죽은 시인의 사회」라고 번역되었지만, 여기서 'society'는 일반적인 의미의 '사회'가 아니라 학생들이 만든 비밀 독서 모임을 뜻한다. '사회'라는 단어는 지나치게 추상적이고 무거운 느낌을 줘서, 영화 속 청춘의 열정과 반항, 자율성 같은 중요한 정서를 희석시켜 버린다.

또 The Last Exit to Brooklyn에서 'exit'는 단순히 '탈출구'가 아니라 고속도로의 '출구'를 뜻하는 지리적 용어다. 하지만 한국에서는 이를 「브룩클린으로 가는 마지막 비상구」로 번역하면서, '비상'이라는 단어로 위기감이나 절박함을 강조했다. 이로 인해 원래 제목이 지닌 장소성과 사회적 경계에 대한 상징은 제대로 전달되지 않는다.

The Remains of the Day는 「남아 있는 나날」이라는 번역으로 소개되었지만, 원제의 'remains'는 단순히 남은 시간이 아니라, 과거에 대한 회한이나 흔적, 감정의 잔향을 담은 은유적인 표현이다. 번역이 이 정서적 깊이를 충분히 살리지 못해, 영화의 의미가 다소 평면적으로 전달될 수 있다.

La Reine Margot도 오해의 소지가 있는 사례다. 마르고는 '여왕(Queen)'이 아니라 '왕비(Queen Consort)'인데, 한국어 제목인 「여왕 마고」는 그녀의 정치적 권한을 과장되게 전달할 수 있다. 일본이나 중국, 대만은 '왕비' 또는 '황후'로 보다 정확한 번역을 택했고, 독일은 아예 영화의 역사적 사건인 '성 바르톨로메오 대학살'을 강조하여 「바르톨로메오의 밤」이라는 제목을 붙였다.

Legends of the Fall은 한국어로 「가을의 전설」로 번역되었지만, 여기서 'fall'은 계절인 가을(fall)이 아니라 성서에서 말하는 인간의 타락(fall)을 뜻하는 상징적인 표현이다. 이 영화는 인간의 욕망, 죄, 몰락 같은 주제를 다루는데, '가을'이라는 단어만으로는 그 복합적인 의미를 다 담아내기 어렵다. 독일, 스페인, 이탈리아, 중국 등의 제목은 '열정의 전설', '불타는 감정의 세월' 등으로 감성 중심의 해석을 택해, 원제의 철학적 상징성은 다소 희미해졌다.

Terms of Endearment는 「애정의 조건」으로 번역되었는데, 여기서 'terms'는 단지 애정 표현의 방식만을 뜻하지 않는다. 이 단어는 관계의 조건, 지속, 정서적 여정 등을 아우르는 넓은 의미를 담고 있다. 영화가 어머니와 딸 사이의 30년에 걸친 삶과 감정을 그린다는 점에서, 이 제목은 단순한 감정이 아니라 시간과 경험이 축적된 정서를 담고 있는 것이다. 이에 비해 독일의 「다정함의 시간(Zeit der Zärtlichkeit)」, 브라질의 「애정의 유대(Laços de Ternura)」, 일본의 「사랑과 추억의 나날(愛と追憶の日々)」 등과 같은 번역은 이 감성을 더 섬세하게 반영하고 있다.

이처럼 단어 하나의 해석 오류는 영화가 전하려는 정서와 메시지를 바꾸어 놓을 수 있다. 특히 영화 제목은 작품을 처음 만나는 언어이자, 관객의 기대와 해석을 결정짓는 중요한 '메타언어'로 작용하기 때문에, 더 세심한 해석과 문화적 감수성이 필요하다. 단어 하나에도 감성, 맥락, 문화가 녹아 있다는 점을 잊지 말아야 한다.

4.3.2. 고유명사와 보통명사의 혼동

영화 제목을 번역할 때, 고유명사와 보통명사를 제대로 구분하는 일은 단순한 언어 문제를 넘어 작품의 정체성과 배경, 이야기 구조를 정확히 전달하는 데 아주 중요한 역할을 한다. 고유명사는 특정한 인물이나 장소, 사건을 가리키는 말이고, 작품 속에서 상징적인 의미를 갖는 경우가 많다. 반면 보통명사는 일반적인 개념이나 사물을 뜻한다.

그런데 이 둘을 혼동해서 번역하면, 관객이 이야기의 핵심을 잘못 이해할 수 있다. 예를 들어, 원래는 특정 인물이나 장소를 가리키는 고유명사인데, 이를 보통명사처럼 바꾸면 그 고유한 의미와 상징이 약해진다. 반대로 보통명사를 고유명사처럼 번역하면, 단순한 개념이나 감성을 특정 인물이나 사건으로 착각하게 만들 수도 있다.

이처럼 고유명사와 보통명사의 경계를 흐리는 번역은 작품의 분위기나 메시지를 바꾸거나, 감독이나 작가가 전달하려던 의도를 왜곡할 수 있다. 제목은 관객이 영화와 처음으로 만나는 말이기 때문에, 이런 오해는 영화 전체에 대한 기대와 해석에까지 영향을 줄 수 있다.

결국 이런 구분을 정확히 하는 것은 단순히 번역 기술의 문제가 아니라, 작품을 어떻게 해석하고 문화적으로 어떻게 전달할 것인가에 대한 고민과 책임이 담긴 일이다. 번역자는 단어 하나를 옮길 때에도, 그 말이 관객에게 어떤 이미지와 감성을 줄지 세심하게 판단해야 한다. 제목 하나가 영화 전체의 인상을 결정짓는 만큼, 이런 언어적 감수성과 해석의 정확성은 매우 중요하다.

4.3.2.1. 고유명사의 일반화: 정체성의 맥락 소실

영화 제목에 등장하는 고유명사는 단순한 이름을 넘어, 작품의 배경과 인물의 정체성, 그리고 상징적 의미를 만들어내는 중요한 역할을 한다. 그런데 이런 고유명사를 일반 명사처럼 바꾸어 번역하면, 이야기의 중심이 흐려지고 작품이 전달하려는 정서나 메시지가 제대로 전달되지 않는 경우가 생긴다. 특히 고유명사를 일반화하거나 의미를 축소하는 식의 번역은 그 위험이 크다.

예를 들어 Howards End는 실제로는 특정한 저택의 이름이다. 하지만 예전 한국어 번역에서는 「하워즈가(家)의 종말」처럼 번역돼, '하워즈'라는 가문 이야기를 다룬 것처럼 읽히게 되었다. 이렇게 번역되면 작품 속 공간의 상징성과 계급적 배경이 사라지고, 이야기의 성격이 전혀 다르게 비칠 수 있다. 이후에는 '하워드 엔드'라는 이름을 그대로 살린 제목이 사용되면서 원래 의미를 어느 정도 회복하게 되었다.

비슷한 예는 007 시리즈의 첫 영화 Dr. No에서도 볼 수 있다. 이 영화에서 'Dr. No'는 주인공 제임스 본드가 상대하는 악당의 이름이다. 하지만 한국에서는 한때 「007 의사는 필요 없다」라는 제목으로 소개된 적이 있다. 여기서 'Dr.'를 일반적인 의사로 오해해 제목이 다소 우스꽝스럽게 들리게 되었고, 악당 캐릭터의 상징성은 제대로 전달되지 않았다. 이후 「007 살인번호」 등 다른 제목으로 바뀌며 일부 톤이 조정되었다.

What Happened to Monday도 고유명사가 잘못 일반화된 사례다. 이 영화에서 'Monday'는 실제로 일곱 쌍둥이 중 한 명의 이름이다. 하지만 한국어 제목 「월요일이 사라졌다」는 이를 그냥 요일로만 해석하게 만들어, 캐릭터의 정체성과 서사적 의미가 약해졌다.

또한 프랑스 영화 Trois hommes à abattre는 영어로 Three Men to Kill로 번역됐지만, 한국에서는 「호메스」라는 다소 생소한 제목으로 소개되었다. 여기서 'hommes'는 프랑스어로 '남자들'이라는 뜻의 일반 명사인데, 한국어 제목은 마치 특정 인물의 이름처럼 오해되기 쉬운 표현이었다. 이 때문에 원래 이야기의 긴장감이나 설정이 제대로 전달되지 않았을 가능성이 있다.

반면 One-Eyed Jacks는 포커 카드에서 '한쪽 눈만 보이는 잭(♠J, ♥J)' 카드를 뜻하며, 이중성이나 예측 불가능성을 상징한다. 하지만 한국에서는 이 제목을 「애꾸눈 잭」으로 번역했다. 이 번역은 단어를 문자 그대로 해석하면서, 인물의 성격이나 작품의 상징성을 지나치게 단순화시켰다. 원래의 상징적 의미가 줄어든 셈이다.

이런 사례들을 보면, 고유명사를 일반 명사처럼 번역하는 것은 단순한 번역상의 실수가 아니라, 영화 전체의 정체성과 메시지를 오해하게 만들 수 있는 중요한 문제라는 것을 알 수 있다. 특히 제목은 관객이 가장 먼저 접하게 되는 언어인 만큼, 그 안에 담긴 고유한 상징성과 정체성을 세심하게 다루는 것이 필요하다.

4.3.2.2. 《시애틀의 잠 못 이루는 밤》과 《늑대와 춤을》

영화 제목이나 등장인물의 별명은 단순히 누군가를 부르기 위한 호칭이 아니다. 그것은 인물의 정체성을 드러내고, 그 사람의 삶이나 감성을 암시하는 이야기의 일부로 작동한다. 이름은 문화적 맥락 속에서 인물이 누구인지, 어떤 존재로 여겨지는지를 보여주는 상징적인 언어 장치다.

예를 들어 《늑대와 춤을》(Dances with Wolves)에서는, 주인공이 북미 원주민 공동체에서 '늑대와 춤을'이라는 이름을 받는다. 이는 단지 동물 이름을 붙인 것이 아니라, 실제로 늑대와 함께 춤을 추는 장면에서 비롯된 것으로, 그 사람의 행동과 새롭게 얻은 정체성을 담고 있다. 같은 방식으로 '주먹을 들고 선 자'(Stands with a Fist)라는 이름도 공동체가 그 사람의 과거와 태도를 반영해 붙인 것이다. 이러한 이름들은 개인이 공동체 속에서 어떤 존재로 '되어 가는지'를 보여준다.

이와 유사하게, 청각장애인 공동체에서 사용되는 수어 이름(name sign)도 단순한 지시어가 아니다. 예를 들어 '곱슬머리'나 '웃는 얼굴' 같은 이름들은 그 사람의 외모나 성격을 바탕으로 주변 사람들이 붙여주는 것으로, 이 또한 관계 속에서 형성된 정체성의 표현이다. 이름 수어는 말보다는 손짓과 표정을 통해 정체성을 시각적으로 전달하며, 관계의 변화에 따라 새롭게 바뀌기도 한다.

《시애틀의 잠 못 이루는 밤》(Sleepless in Seattle)에서는 이름이 감정을 표현하는 방식으로 사용된다. 영화에서 소년 조나는 아버지의 사연을 라디오 방송에 소개하며, 방송 진행자는 그를 "시애틀의 잠 못 이루는 사람(Sleepless in Seattle)"이라 부른다. 이 표현은 단순히 위치를 알려주는 것이 아니라, 상실과 외로움, 그리움을 함께 담은 감정적 호명이 된다. 이런 방식은 미국의 유명한 상담 칼럼 『Dear Abby』에서 자주 쓰이는 "불안한 앨버커키의 사람(Anxious in Albuquerque)"이나 "지친 리노의 여자(Restless in Reno)" 같은 표현과도 닮아 있다. 이름은 익명을 유지하면서도 감성을 드러내는 안전하고 시적인 장치가 된다.

그리고 최근 영화 《탑건: 매버릭》(Top Gun: Maverick)에서는 전투기 조종사들이 사용하는 콜사인(Call Sign)이 그 사람의 성격과 팀 내 역할을 반영하는 또 다른 정체성 표현으로 등장한다. 주인공 매버릭(Maverick)은 변함없는 별명으로 돌아오고, 그의 옛 동료 아이스맨(Iceman)도 다시 모습을 드러낸다. 새로운 세대 조종사들 중에는 고(故) 구스의 아들 루스터(Rooster), 냉정하면서도 유능한 피닉스(Phoenix), 자기주장이 강한 행맨(Hangman), 팀워크가 좋은 페이백(Payback)과 팬보이(Fanboy), 그리고 '밥'이라는 실제 이름 그대로 불리는 특이한 경우도 있다. 이 콜사인들은 단순한 별명이 아니라,

각 인물의 개성과 비행 스타일, 전우 관계를 상징하는 코드이자 이야기 장치로 작동한다.

이처럼 이름은 단순한 말이 아니라, 감성과 관계, 정체성과 상황을 함께 담고 있는 상징이다. 문화마다 명명 방식은 다르지만, 이름을 통해 정체성을 드러내고 삶의 이야기를 형성한다는 점에서는 공통적인 특징을 가진다.

[표 7] 이름을 통한 정체성 구성 방식 비교

구분	북미 원주민 이름	이름 수어 (Name Sign)	『Dear Abby』식 가명 & Sleepless in Seattle	탑건의 콜사인 (Call Sign)
정체성의 반영	행동 중심	외모·성격 중심	감정·상황 중심	성격·기량 중심
명명 방식	공동체가 부여	타인이 관찰하고 부여	외부 화자가 창조	동료 및 상급자가 부여
언어 구조	은유적·상징적 표현	시각적 묘사 기반	말장난, 지역+감정 결합	은유·유머·행동 기반
정체성 수행	존재의 이야기화	시각적 정체성 표현	감정을 공감 가능하게 표현	군내 관계와 역할 표현
시간성과 맥락성	재명명 가능	관계 변화에 따라 수정	상황에 따라 명칭 변화	상황이나 경력에 따라 고정되거나 변경

이렇게 다양한 명명 시스템을 비교해 보면, 이름은 단순한 호칭이 아니라 하나의 '작은 이야기'이자 '사회적 정체성'임을 알 수 있다. 영화 제목이나 등장인물의 별명에 담긴 정체성과 감성, 관계의 층위는, 우리가 언어를 통해 세계를 어떻게 이해하고 구성하는지를 잘 보여준다.

4.3.2.3. 요약: 고유명사는 서사이며, 이름은 정체성이다

고유명사는 단순히 외래어라서 그대로 두는 말이 아니다. 그것은 그 안에 문화적 맥락과 인물의 정체성, 이야기의 상징성을 담고 있는 중요한 기호다. 그래서 고유명사를 일반적인 보통명사로 바꾸거나, 단어의 표면적인 뜻만 옮기는 식으로 번역하면, 작품이 가진 감정의 흐름이나 문화적 의미를 크게 훼손하게 된다.

더 나아가 이름은 단순히 사람이나 사물을 구분하기 위한 수단이 아니다. 이름은 어떤 존재가 누구인지, 어떤 삶을 살아가고 있는지를 드러내는 하나의 이야기다. 그래서 누군가를 이름으로 부른다는 것은, 그 사람의 삶을 이야기로 받아들이고, 사회 안에서 함께 이해해 나가는 과정이라고 볼 수 있다.

이런 점에서 영화 제목 속 '이름'을 어떻게 번역할 것인가는 단순한 말의 문제가 아니다. 그것은 우리가 그 문화와 정체성을 어떻게 이해하고, 또 어떻게 존중하며 전달할지를 묻는 윤리적이고 미학적인 문제다. 결국, 이름은 말 그 자체가 아니라, 말로 엮어지는 삶과 이야기의 시작점이다.

4.3.3. 음역의 전략과 과제: 발음과 의미 사이에서

영화 제목을 번역할 때 흔히 선택하는 두 가지 방식이 있다. 하나는 제목의 의미나 분위기를 살리는 의역이고, 다른 하나는 원어 발음을 그대로 따르는 음역이다. 이 두 방식은 단순한 기술적인 문제가 아니라, 어떤 정서를 전달하고 어떤 문화적 이미지를 강조할 것인가에 대한 판단이기도 하다.

의역은 관객에게 익숙한 감성이나 장르적 맥락을 자연스럽게 전달하는 데 유리하다. 예를 들어 'Frozen'을 '겨울왕국'으로 번역한 경우, 단순한 직역을 넘어서 영화 속 마법 세계를 상상할 수 있도록 돕는다. 'Home Alone'을 '나 홀로 집에'라고 번역한 사례도 문장형 제목을 통해 어린아이가 집에 혼자 남겨진 상황을 감성적으로 표현했다. 이처럼 의역은 한국 관객의 문화적 감수성과 언어 습관에 맞게 내용을 재해석하고 설명해주는 역할을 한다.

반면, 'La La Land', 'Titanic', 'Inception'처럼 음역이 효과적인 사례도 많다. 특히 이미 잘 알려진 고유명사나 시리즈물의 경우, 음역은 브랜드 정체성과 발음 리듬을 그대로 유지해 글로벌 통일성을 확보하는 데 유리하다. '비긴 어게인', '러브 액츄얼리', '노트북' 같은 제목은 발음만으로도 세련된 이미지를 주고, 관객에게 친숙하게 다가간다.

하지만 음역의 단점도 분명하다. 'Inception', 'Up', 'Her', 'It'처럼 추상적이거나 짧은 영어 제목은 그대로 음역하면 영화의 정서나 내용을 파악하기 어렵게 만든다. 발음은 전달되지만, 의미와 감성은 빠져버리는 것이다. 특히 관객이 제목만 보고는 영화의 분위기나 장르를 전혀 가늠할 수 없을 때, 이는 영화의 첫인상 자체를 흐리게 만들 수 있다.

더 큰 문제는 의미가 분화되는 제목이나 정관사, 문화적 상징이 포함된 경우다. 예를 들어 'Closer'와 'The Closer'는 하나는 형용사(더 가까운), 다른 하나는 명사(사건을 종결짓는 사람)지만, 한국어로는 모두 '클로저'로 음역된다. 이런 경우 두 작품의 장르와 주제를 명확히 구별하지 못하고 혼동을 유발할 수 있다.

'Grease' 역시 마찬가지다. 이는 미국 청춘 문화를 상징하는 뮤지컬 영화로, 제목 속 단어는 당시 젊은이들의 머리 스타일을 나타내지만, 한국에서는 이를 '그리스'로 음역해 유럽 국가 'Greece'와 혼동될 수 있다. 반면 일본에서는 'Grease'는 グリース(gurīsu), 'Greece'는 ギリシャ(girisha)로 확실히 구분해 표기하면서 혼란을 줄이고 있다.

'The Dark Knight'는 배트맨의 상징적인 별칭으로 '어두운 기사'를 의미하지만, 한국어 제목 '다크 나이트'는 '어두운 밤(Dark Night)'으로 쉽게 오해된다. 이처럼 상징성과 정체성을 담고 있는 제목이 단순 음역 처리로 인해 본래의 뜻을 잃는 경우도 적지 않다.

가장 심각한 예는 'The Passion of the Christ'이다. 여기서 'passion'은 예수의 고난과 십자가 처형까지의 '수난'을 뜻하는 종교적 개념이다. 그러나 한국에서는 이를 '패션 오브 크라이스트'로 음역해버려, 마치 '그리스도의 열정'이라는 식으로 오해되기 쉽다. 정서적으로도, 신학적으로도 왜곡된 해석이 가능한 번역이다.

정관사나 부정관사처럼 사소해 보이는 단어도 중요한 의미를 담는 경우가 많다. 예를 들어 Don't Say a Word에서 부정관사 a는 '단 하나의 말도 하지 마'라는 강한 명령의 뉘앙스를 전달한다. 그러나 한국에서는 이를 부정관사를 생략한 채 '돈 세이 워드'로 음역했는데, 이렇게 되면 '워드라고 말하지 마' 정도로 의미가 달리 해석될 수 있다.

비슷한 예로 'A Beautiful Mind'는 '뷰티풀 마인드', 'The Haunted'는 '헌티드', 'The Sixth Sense'는 '식스센스', 'The English Patient'는 '잉글리시 페이션트'로 번역되면서 대부분 정관사나 부정관사가 빠지거나 무시되었다. 특히 'The English Patient'는 이야기의 중심이 되는 특정 인물을 가리키는 'the'가 중요한데도, 그 의미는 반영되지 않았다.

반대로 'The Others'는 '디아더스', 'The Reader'는 '더 리더'처럼 정관사를 살린 음역도 존재한다. 하지만 어떤 영화 제목은 관사를 포함하고, 어떤 제목은 생략되어 일관성 없이 처리되는 것이 현실이다. 발음을 따르되, 어떤 기준으로 관사를 살릴지에 대한 명확한 원칙이 없는 것이다.

일본의 경우를 보면 조금 다르다. 예컨대 'The Others'는 アザーズ(Azāzu)로 관사를 생략하고 자연스러운 리듬을 선택했고, 'The

Reader'는 '사랑을 읽는 사람'(愛を読むひと)으로 번역해 감성과 주제를 시적으로 전달했다. 이처럼 일본은 발음 리듬과 문맥에 따라 음역과 의역을 유연하게 혼용하고 있다.

이러한 사례들은 우리가 간과하기 쉬운 작은 단어들이 실제로는 영화의 메시지나 정체성을 좌우할 수 있다는 점을 보여준다. 번역은 단순한 발음 복사나 단어 변환이 아니라, 의미와 맥락을 정확히 읽고 전달하는 해석의 작업이다. 발음을 살리는 것이 글로벌 마케팅에는 유리할 수 있지만, 작품의 핵심 내용을 정확히 전하기 위해서는 문화적 감수성과 해석 능력이 함께 요구된다. 음역이든 의역이든 그 선택은 기술이 아니라 문화적 책임이다.

결국 영화 제목 번역은 단지 '어떻게 말할까'의 문제가 아니라, '어떤 감성을 어떻게 전달할 것인가'라는 질문으로 귀결된다. 번역자는 단순히 언어를 옮기는 사람이 아니라, 의미와 감성을 설계하고 중재하는 문화적 해석자다.

4.4. 외래어 번역은 단어가 아니라 문화의 선택이다

외래어를 번역한다는 건 단순히 외국어 단어를 우리말로 바꾸는 일이 아니다. 그것은 우리 사회가 외부의 개념과 문화를 어떻게 받아들이고 해석하느냐에 대한 태도를 보여주는 하나의 문화적 행위다. 외래어를 '소리' 중심으로 옮길 것인지, 아니면 '뜻' 중심으로 옮길 것인지를 선택하는 일은, 그 사회가 외국 문화를 자기 안으로 끌어들일 준비가 되어 있는지, 혹은 일정한 거리를 두고 받아들일지를 보여주는 신호이기도 하다.

예를 들어 일본어는 외래어를 거의 대부분 발음 그대로 옮긴다. 외국어 단어를 카타카나로 표기해서, '외래어'라는 정체성을 시각적으로도 확실히 구별한다. '서비스'는 サービス, '엘리베이터'는 エレベーター, '컴퓨터'는 コンピュータ처럼 발음만 따와서 그대로 쓴다. 이런 방식은 외래어를 일본어 어휘 안에 자연스럽게 끼워 넣긴 하지만, 그 의미를 굳이 해석하지 않고 원래의 소리를 보존하는 데 중점을 둔다. 그래서 일본어에서 외래어는 본래 단어들과는 조금 다른 계층의 어휘처럼 느껴지기도 한다.

반면 중국어는 외래어를 번역할 때 소리보다 뜻을 훨씬 더 중요하게 여긴다. 예를 들어 '덤벨'은 哑铃(말 못하는 방울), '이메일'은 电子邮件(전자 우편), '소프트웨어'는 软件(부드러운 부품)이라고 한다. 중국어에서는 이처럼 단어의 뜻을 먼저 파악해서 그 의미를 자국어로 표현하는 방식을 선호한다. 이는 중국어 안에 외래 개념을 통합하고, 자국어 중심의 의미 체계를 유지하려는 문화적 태도와 관련이 있다. 다시 말해, 중국어 화자들은 외국 문화를 '있는 그대로' 들여오기보다는, 자신들의 언어 틀 안에서 새롭게 해석하고 재구성하려는 경향이 강하다고 볼 수 있다.

한국어는 이 두 방식의 중간쯤에 있다. 영어에서 직접 들어온 단어는 '덤벨', '노트북'처럼 발음 그대로 쓰기도 하고, 일본을 통해 들어온 단어는 '서비스', '아르바이트'처럼 일본식 발음으로 정착된 경우도 많다. 반면 '아령(啞鈴)'이나 '전자우편(電子郵便)'처럼 중국식 한자어를 그대로 받아들인 경우도 있다. 이렇게 한국어는 일본어, 중국어, 영어의 영향을 복합적으로 받은 만큼, 외래어를 번역할 때에도 특별한 규칙보다 실용성과 전달력에 따라 유연하게 대응하는 경향이 있다. 어떤 번역이 더 적절한지는 상황에 따라 다르고, 그때그때 판단하는 방식이다. 이는 한국 사회가 실용성을 중요하게 여기는 문화적 특징과도 연결된다.

결국 외래어 번역은 단지 언어의 문제가 아니라, 우리 사회가 외국 문화를 어떤 방식으로 바라보고 받아들이는지를 보여주는 문화적 거울이라고 할 수 있다. 음역이든 의역이든, 그것은 단어를 어떻게 번역하느냐를 넘어서, 외부 세계를 어떻게 '우리'의 세계 안에 위치시키느냐에 대한 집단적 선택이기도 하다. 그래서 외래어 번역을 살펴보는 일은 단어 하나를 분석하는 것 이상으로, 그 배경에 깔린 문화의 사고방식을 이해하는 일이기도 하다.

4.5. 영화 제목 번역은 문화 전략이다: 의미와 발음 사이에서

영화 제목은 단순히 작품의 이름을 알려주는 데서 그치지 않는다. 제목 하나에는 각 나라의 언어 습관, 감성 표현 방식, 장르 인식, 그리고 상업적 전략까지 복합적으로 담겨 있다. 외국 영화가 다른 나라에 소개될 때, 제목 번역은 단순히 말만 바꾸는 일이 아니라, 그 나라 관객의 감성과 언어에 맞춰 내용을 조정하는 하나의 문화 전략으로 작동한다. 그래서 영화 제목을 어떻게 번역하느냐는 단순한 기술이 아니라, 문화적으로 어떤 태도를 취하고, 어떤 감정을 유도하며, 어떤 의미를 남길 것인지에 대한 정교한 선택이 된다.

이 절에서는 한국, 일본, 중국—이 세 나라가 영화 제목을 번역할 때 어떤 방식으로 접근하는지를 비교해 보고자 한다. 각 나라는 원래 제목의 발음을 그대로 살릴 것인지(음역), 아니면 그 의미를 새롭게 풀어서 전달할 것인지(의역), 혹은 둘을 적절히 섞어서 창의적으로 조합할 것인지에 대해 각기 다른 선택을 한다. 이러한 전략은 단순히 말장난이나 언어의 문제가 아니라, 그 나라가 외국 문화를 어떻게 받아들이고 해석하는지를 보여주는 문화적 태도와 밀접하게 연결되어 있다.

특히 브랜드를 유지하면서도 작품의 내용을 얼마나 잘 전달할 수 있을지, 영화가 어떤 장르로 보일지를 어떻게 조율할지, 그리고 번역이 산업적으로 실용적인 동시에 윤리적으로 정당할 수 있을지를 두고,

각 나라는 저마다의 기준과 전략을 세운다. 이 모든 요소가 복합적으로 작동하기 때문에, 영화 제목 하나를 번역하는 일은 사실상 문화 전체의 방향을 결정하는 행위가 되기도 한다.

결국 영화 제목의 번역은 "무엇을 어떻게 번역했는가?"보다 더 근본적인 질문, 즉 "누구를 위해 무엇을 어떻게 해석할 것인가?"에 대한 문제다. 번역은 단순히 다른 언어로 옮기는 일이 아니라, 한 문화가 다른 문화를 해석하고 수용하는 방식이며, 그 결정의 축소판이 바로 영화 제목에 담겨 있다.

4.5.1. 외래어 번역은 그 사회의 문화 태도를 보여준다

외래어 번역 방식은 영화 제목에서 뚜렷하게 드러난다. 제목은 단순한 이름이 아니라, 한 나라가 외국 문화를 어떻게 받아들이고 해석하는지를 압축한 문화적 상징이다.

일본은 발음을 살린 '음역'을 선호해 원어의 소리와 형태를 유지한다. 중국은 뜻을 살린 '의역'을 주로 사용해 외래어를 자국어 체계 안에 자연스럽게 편입시킨다. 한국은 두 방식을 혼합해, 익숙한 단어는 음역하고 의미 전달이 중요한 경우는 의역한다.

음역은 원어의 분위기를 살리지만 뜻이 모호해질 수 있고, 의역은 이해를 돕지만 원작의 개성을 희석할 수 있다. 따라서 영화 제목 번역은 단순한 언어 변환이 아니라, 외국 문화를 받아들이고 자국 문화를 지켜내는 사회의 문화적 선택이다.

4.5.2. 영화 제목 번역의 실제 사례: 나라별 전략의 차이

영화 제목을 번역할 때 나라마다 선택하는 방식은 꽤 다르다. 같은 영화를 두고도 어떤 나라는 발음을 그대로 옮기고, 어떤 나라는 뜻을 새롭게 해석해 현지 정서에 맞게 바꾸는 것이다. 이 차이는 각 나라가 외국 문화를 어떻게 받아들이고자 하는지, 또 관객에게 어떤 방식으로 접근하고 싶은지를 잘 보여준다.

예를 들어, 영화 Ghost의 경우를 보자. 일본은 「고스트(ゴースト)」라고 발음을 그대로 옮겼다. 이런 식의 음역은 영화의 브랜드 이름이나 리듬감을 살리는 데는 효과적이지만, 제목만 보고 영화의 내용을 짐작하기는 어렵다. 반면 중국에서는 『人鬼情未了』(사람과 귀신의 미완의 사랑)이라는 제목을 붙였다. 이건 원작의 로맨틱하고 초자연적인 분위기를 감성적으로 풀어낸 의역이다. 한국은 두 전략의 중간쯤에 위치한 「사랑과 영혼」이라는 제목을 택했다. 이 제목은 내용의 핵심 감성을 짧고 인상적으로 담아내어 많은 관객의 공감을 얻었다. 이처럼 한국은 의미 전달과 감성적 울림을 동시에 고려하는 중간 전략을 자주 쓰는 편이다.

본 시리즈(The Bourne Series)에서도 전략 차이가 드러난다. 한국과 일본은 '본(Bourne)'이라는 주인공의 이름을 그대로 쓰고, 부제인 Supremacy나 Ultimatum도 영어식 발음을 그대로 음차해서 사용했다. 덕분에 시리즈물로서의 일관성은 유지됐지만, 제목만 보고는 영화의 내용을 파악하기 어렵다는 단점도 있다. 반면 중국에서는 시리즈 전체를 『첩자의 그림자가 겹겹이(谍影重重)』라고 통합해 번역하고, 뒤에 숫자를 붙여 후속작을 구분했다. 이렇게 하면 영화의 장르와 긴장감이 제목만으로도 잘 드러나고, 관객이 어떤 영화를 보게 될지 미리 감을 잡을 수 있다.

미션 임파서블(Mission: Impossible) 시리즈도 비슷한 흐름을 보여준다. 1990년대 초까지만 해도 한국에서는 이 시리즈를 『제5전선』이라고 번역한 적이 있었다. 냉전 시대의 첩보 분위기를 살린 창의적인 번역이었다. 하지만 1996년 영화가 개봉된 이후로는 원제를 그대로 음차한 『미션 임파서블』이 공식 제목으로 자리 잡았다. 이후 속편들에도 고스트 프로토콜(Ghost Protocol), 로그 네이션(Rogue Nation), 폴아웃(Fallout), 데드 레코닝(Dead Reckoning), 파이널 레코닝(The Final Reckoning) 같은 영어 부제가 그대로 붙었다. 이런 전략은 세계적인 브랜드 인지도를 높이는 데는 도움이 되지만, 제목만 보고는 영화의 장르나 분위기를 바로 이해하기 어렵고, 감성적으로도 멀게 느껴질 수 있다는 약점이 있다.

일본에서도 『미션 임파서블』 시리즈는 전편에 걸쳐 원제를 그대로 음역한 『ミッション：インポッシブル』(미션: 임파서블)을 공식 제목으로 사용하고 있다. 이는 시리즈의 브랜드 가치를 유지하고, 원제를 그대로 인식하는 일본 관객의 문화적 습관을 반영한 결과다. 2편부터는 숫자만 추가했고, 4편인 『Ghost Protocol』부터는 부제를 영어 발음 그대로 음역해 표기하는 방식이 정착되었다. 예를 들어, 'Ghost

Protocol'은 'ゴースト・プロトコル', 'Fallout'은 'フォールアウト', 'Dead Reckoning'은 'デッドレコニング'으로 표기된다. 의미를 번역하기보다는 소리 중심으로 전달하는 것이 특징이다.

이처럼 한국과 일본에서는 영화 제목을 현지화하지 않고, 원어의 음성과 브랜드 이미지를 그대로 유지하는 전략을 택하고 있다. 이는 글로벌 브랜드와의 일관성을 중시하고, 영화 제목에서 장르적 설명이나 감정적 호소보다는 인지도를 우선시하는 한국-일본 두 나라 시장의 경향을 보여준다.

반면 중국어권에서 『미션 임파서블』 시리즈는 문화적 맥락과 언어적 선호에 따라 각기 다르게 번역되어 왔다. 중국 대륙에서는 1편을 직역한 『不可能的任务』(불가능한 임무) 대신, 2편부터는 『碟中谍』(스파이 속의 스파이)라는 제목을 시리즈 공식 명칭으로 사용하기 시작했다. 이는 첩보물의 성격을 강조하면서도 중국어 화자들에게 익숙한 형식으로 현지화한 결과다.

반면 대만과 홍콩에서는 시리즈 전편에 걸쳐 원제 의미를 살린 『不可能的任務』라는 제목을 유지하며, 보다 직관적인 이해를 도모했다.

각 편의 부제 역시 원어를 그대로 음역하지 않고, 영화의 내용과 정서를 반영한 의미 중심의 번역을 택했다. 예를 들어 'Ghost Protocol'은 '유령 작전'에 해당하는 '幽灵协议' 또는 '鬼影行動'으로, 'Fallout'은 '全面瓦解'(완전 붕괴)로 번역되었다. 최근작 'Dead Reckoning'은 '致命清算'(치명적인 결산), 'The Final Reckoning'은 '最終清算'

(최종 결산)처럼 비유적 해석을 통해 원제의 함축적 의미를 전달하고자 했다.

요컨대 중국어권의 번역은 대륙과 대만/홍콩이 각기 다른 시리즈 제목을 선택하면서도, 부제에서는 공통적으로 의미 중심의 의역 전략을 통해 현지 관객에게 영화의 내용을 효과적으로 전달하고 있다.

이런 다양한 사례들을 통해 알 수 있는 점은, 영화 제목 하나만 봐도 각 나라의 언어 감수성과 문화 전략이 얼마나 다르게 작동하는지를 보여준다는 것이다. 영화 제목은 단순한 이름이 아니라, 그 나라의 번역 감각과 정체성, 그리고 관객과의 감성적 거리를 조율하는 문화적 선택의 결과라고 할 수 있다.

4.5.3. 기능주의 번역 이론으로 본 영화 제목 번역

지금까지 살펴본 여러 영화 제목 번역 사례들은, 단순히 단어를 다른 언어로 치환하는 작업이 아니라, 관객에게 어떤 효과를 줄 것인가를 중심으로 이루어진 선택들이었다. 이러한 접근은 기능주의 번역 이론(functionalist translation theory)의 관점에서 잘 설명된다.[21] 기능주의 번역 이론은 번역을 하나의 목적 지향적 행위(purposeful action)로 본다. 특히 독일의 번역학자 한스 페르메어(Hans J.

21 Nord, Christiane. 1997. *Translating as a Purposeful Activity: Functionalist Approaches Explained.* Manchester: St. Jerome Publishing.

Vermeer)가 제안한 Skopos 이론은, 번역의 궁극적 목표(Skopos)가 무엇인가에 따라 번역 방식 역시 달라져야 한다고 주장한다.[22] 즉, 번역의 '성공'은 원문에 얼마나 충실한가가 아니라, 번역이 누구를 대상으로 어떤 목적을 달성하느냐에 따라 평가되어야 한다는 것이다.

이 관점에서 보면, 예를 들어 〈본 시리즈(Bourne Series)〉나 〈미션 임파서블(Mission: Impossible)〉 시리즈의 한국어 번역은 "전 세계적으로 동일한 브랜드 이미지를 유지한다"는 명확한 목적에 충실한 전략이다.

영화 제목과 부제를 영어 발음 그대로 유지한 것은 시리즈물로서의 일관성과 글로벌 마케팅 효과를 극대화하려는 의도에서 비롯된 것으로, Skopos 이론이 강조하는 '목적 지향적 번역'의 전형적인 사례라 할 수 있다.

그러나 이런 전략이 언제나 최선의 결과를 보장하는 것은 아니다. 예를 들어 Supremacy, Ultimatum, Fallout 같은 부제는 영어에 익숙하지 않은 관객에게는 의미가 다소 모호하게 다가온다. 이러한 경우, 제목이 영화의 내용, 분위기, 장르적 톤을 충분히 전달하지 못해 관객의 기대 형성과 감정적 몰입을 어렵게 만든다. 이는 Skopos 이론에서 중시하는 또 다른 기준, 즉 '기능적 적합성(functional

22 Vermeer, Hans J. 1989. *Skopos and Commission in Translational Action.* Translated by Andrew Chesterman. In *Readings in Translation Theory*, edited by Andrew Chesterman, 173-87. Helsinki: Oy Finn Lectura.

adequacy)', 다시 말해 번역이 실제 수용자에게 얼마나 효과적으로 작동하는가의 측면에서 한계를 드러낸다.

결국 영화 제목 번역에 기능주의 이론을 적용한다는 것은, 단순히 원문을 '정확히' 옮기는 것을 넘어서 "그 번역이 현지 관객에게 어떤 의미와 감정적 반응을 이끌어내는가"를 중심에 두는 일이다. 번역자는 언제 원래의 발음을 살릴지, 언제 의미를 새롭게 풀어낼지를 결정해야 하며, 그 판단은 언어적 기술이 아니라 문화적 해석 행위에 가깝다.

Skopos 이론은 이러한 문화 중심의 번역 전략을 정당화하고 이론적으로 뒷받침해 주는 유용한 틀이다. 즉, 영화 제목 번역은 원문 충실성의 문제가 아니라, 문화적 맥락 속에서 목적과 기능을 재설계하는 행위이며, 그 지점에서 번역은 하나의 문화적 커뮤니케이션의 예술이 된다.

4.5.4. 문화적 현지화 전략의 비교와 요약: 음역, 의역, 재창조

앞에서 살펴본 한국, 일본, 중국의 영화 제목 번역 전략을 비교해 보면, 단순한 언어 번역을 넘어 각 나라의 문화와 정서, 언어 감수성이 얼마나 다르게 작동하는지를 잘 알 수 있다. 영화 제목은 그저 작품을 부르는 이름이 아니라, 그 사회가 외국 콘텐츠를 어떻게 받아들이고 해석하는지를 보여주는 문화적 창구 역할을 한다.

한국, 일본, 중국은 서로 다른 문화적 기대와 언어 습관, 관객 취향에 맞춰 번역 전략을 달리 발전시켜 왔다. 이를 크게 세 가지 방식으로 나눠볼 수 있다: 음역(발음을 옮기는 방식), 의역(의미를 해석해서 옮기는 방식), 재창조(완전히 새롭게 제목을 만드는 방식)이다.

한국은 대체로 의미와 감정 전달을 중요하게 생각하는 실용적인 방식으로 번역한다. 예를 들어 Basic Instinct는 '원초적 본능'으로, Dead Poets Society는 '죽은 시인의 사회'로 번역되었는데, 원래 의미에 감성과 장르 분위기를 더해 한국 관객의 이해에 맞게 잘 조율한 사례다. 또 Frozen은 '겨울왕국', Mission: Impossible은 '미션 임파서블'처럼 브랜드 이미지도 살리면서 정서적 공감도 고려한 전략이 쓰인다. 이런 방식은 한국 사회가 실용적이고 균형 잡힌 번역을 선호한다는 점을 보여준다.

일본은 전통적으로 원제의 발음을 그대로 옮기는 음역 중심 전략을 많이 쓴다. 여기에 간단한 설명을 덧붙이기도 한다. 예를 들어 Frozen은 '안나와 눈의 여왕', The Day After Tomorrow는 '데이 애프터 투모로우'처럼 제목을 그대로 가져가거나 등장인물을 강조하는 방식이다. 일본은 이런 번역을 통해 관객에게 낯선 느낌을 줄이지 않으면서도, 원작의 브랜드 이미지와 소리의 느낌을 살리는 데 집중한다.

중국은 그와는 다르게 가장 적극적으로 제목을 새롭게 재창조하는 전략을 쓴다. 예를 들어 The Bourne Identity는 '첩자의 그림자가 겹겹이', Ghost는 '사람과 귀신의 미완의 사랑'처럼, 원제와 전혀 다른 표현이지만 영화의 정서와 내용을 다시 만들어내는 식이다. 종종 사자성어나 운율감 있는 문장을 써서 제목 자체를 하나의 문화 콘텐츠처럼 만들기도 한다. 중국의 이런 전략은 브랜드보다 의미 전달과 정서적 울림을 더 중요하게 생각하는 태도를 보여준다.

이 세 나라의 방식을 정리해 보면 다음과 같다.

- 일본은 발음을 중심으로 안정성과 일관성을 중시한다.
- 중국은 의미와 정서를 강조하며 적극적으로 제목을 새롭게 만든다.
- 한국은 그 사이에서 의미 전달과 브랜드 유지 사이의 균형을 추구하는 중간 전략을 취한다.

결국 영화 제목 번역은 단지 단어 몇 개를 옮기는 일이 아니라, 언어 감각, 문화 해석, 상업 전략이 모두 엮여 있는 복합적인 작업이다. 짧은 제목 하나에도 각국의 문화적 태도와 정체성이 고스란히 담겨 있다는 점에서, 번역은 그 자체로 하나의 문화 생산이자 해석의 예술이라 할 수 있다.

영어권 외화(드라마·영화)가 한국, 일본, 중국에 수입되어 방영될 때, 각국은 단순한 언어 치환을 넘어서 문화적 현지화(localization) 전략을 적극적으로 활용해 왔다. 특히 제목 번역은 원작의 의미 전달뿐만 아니라, 대상 문화의 정서적 수용성, 장르 기대치, 이데올로기적 맥락에 영향을 받는다. 이를 통해 번역은 단순한 언어 변환이 아니라 담론적 재구성의 행위로 이해되어야 한다.

4.5.5. 결론: 제목 번역은 하나의 문화 담론이다

이제 영화 제목 번역은 단순히 외국어를 한국어로 바꾸는 작업이라고 보기 어렵다. 제목 번역은 외국 문화를 국내에 들여오는 과정에서, 그 의미를 다시 짜고, 감정의 방향을 새롭게 배열하며, 관객이 영화를 어떻게 이해하게 될지를 미리 설계하는 일종의 해석 행위이자 담론 활동이다. 말하자면, 이 작업은 번역을 통해 새로운 이야기를 만드는 문화적 실천이라 할 수 있다.

특히 한국, 일본, 중국의 번역 방식은 각 나라의 언어 체계, 문화 수용 태도, 콘텐츠 산업 구조에 따라 달라지며, 그만큼 번역이란 것이 단지 언어의 문제가 아니라 문화와 시장이 얽힌 선택의 과정임을 잘 보여준다.

- 한국은 원래의 의미와 감성을 조화롭게 전달하려는 실용적인 전략을 쓴다.
- 일본은 발음과 브랜드 인식을 중시하며 일관성과 안정성을 중요하게 여긴다.
- 중국은 원제를 과감히 재해석하고, 감성과 상징성을 극대화하는 창의적인 방식을 선호한다.

이처럼 각국은 나름의 방식으로 제목을 '현지화'하면서, 관객이 가장 쉽게 다가갈 수 있는 방식을 고민해 왔다. 이런 작업은 Skopos 이론에서 말하는 '목적 지향적 번역'의 대표적인 사례로 볼 수 있다. 즉, 번역이란 것은 '원문을 그대로 옮기는 것'이 아니라, 누가, 어떤 상황에서, 어떤 목적을 가지고 읽을 것인가를 중심에 두는 해석의 행위라는 것이다.

영화 제목은 몇 글자밖에 되지 않지만, 그 안에는 캐릭터의 정체성, 영화의 감성 흐름, 장르적 분위기, 상업성, 그리고 문화적 감수성까지 모두 담겨 있다. 번역자는 이 짧은 제목 하나로 관객의 기대를 이끌어 내고, 이야기가 펼쳐질 정서를 미리 제시하며, 원작의 브랜드와 현지 문화 사이의 균형을 잡아야 한다.

결국 영화 제목 번역은 단순한 언어 변환을 넘어서, 언어를 통해 문화를 어떻게 해석할 것인가에 대한 실천이며, 그 자체로 하나의 문화적 담론을 만드는 행위라고 볼 수 있다.

4.6. 두 번 옮겨진 말, 그 너머의 문화와 권력

우리가 접하는 번역된 책, 영화 제목, 자막, 기사 가운데에는 원작 언어에서 직접 번역된 것이 아니라, 영어와 같은 제3의 언어를 거쳐 옮겨진 경우가 적지 않다. 이러한 과정을 간접 번역(indirect translation)이라 부른다.

예를 들어 프랑스어 소설이 먼저 영어로 번역되고, 그 영어판을 토대로 한국어로 다시 옮겨지는 식이다. 간접 번역은 번역 인력이 부족하거나, 원문 접근이 어려운 상황에서는 현실적이고 효율적인 해결책이 될 수 있다. 그러나 문제는 단순히 경로의 길이에 있지 않다. 원작의 언어적 리듬, 정서적 결, 문화적 맥락이 중간 언어에서 한 번, 최종 언어에서 다시 한번 필터링되면서, 본래의 의미가 희석되거나 왜곡될 위험이 커진다는 점이다.

특히 영어는 현재 세계 콘텐츠 유통의 중심 언어로 기능하고 있다. 그 결과, 다른 언어권의 문화와 세계관이 영어식 해석에 맞춰 재구성되는 현상이 점점 보편화되고 있다. 이 과정에서 언어의 다양성은 점차 단일한 해석 체계 속으로 편입되고, 원작이 가진 고유한 감각과 사유의 결이 글로벌 표준이라는 이름 아래 평준화된다.

간접 번역은 단순한 효율성의 문제가 아니라, 의미 생산의 주체가 누구인가라는 더 깊은 질문으로 이어진다. 누가 해석을 주도하고, 어떤 언어가 세계의 의미 질서를 재편하는가? 이는 곧 문화적·정치적 권력의 문제다. 문학처럼 정서와 어조가 섬세하게 얽힌 장르, 철학서처럼 개념의 깊이가 중요한 분야, 또는 종교 텍스트처럼 신앙적 의미가 언어에 의존하는 영역에서는, 간접 번역이 원작의 세계관 자체를 바꿔 놓을 수 있다.

예를 들어, 프랑스의 실존철학 텍스트가 영어판을 통해 번역될 경우, 영미식 분석철학의 논리와 어휘 체계가 원문 해석을 지배하게 된다. 혹은 일본을 거쳐 유통된 불교 경전이나 동양 사상서가 서구 독자에게 전해질 때, 그 언어의 철학적 함의는 이미 서구적 개념 틀 속으로 재구성된 동양으로 제시되곤 한다.

이처럼 간접 번역은 단순한 '중간 단계'가 아니라, 시선의 전환과 재배치의 과정이다. 결국 간접 번역은 '말을 두 번 바꾸는 일'이 아니라, 시선을 두 번 조정하는 일이다. 어떤 언어를 거쳐 번역했는지, 그 과정에서 어떤 의미가 빠지거나 덧붙여졌는지를 투명하게 밝히는 윤리적 책임이 필요하다. 동시에 독자 또한 번역된 텍스트를 절대적 진리로 받아들이지 않고, 그 언어가 지나온 경로와 권력 구조를 비판적으로 인식하려는 문화적 감수성을 지녀야 한다. 그래야 번역은 단순한 전달의 기술이 아니라, 언어와 권력, 문화와 해석의 관계를 성찰하는 창(窓)이 될 수 있다.

간접 번역의 문제를 인식하는 일은, 결국 우리가 세계를 어떤 언어의 눈으로 보고 있는지를 되묻는 일이며, 그 질문 위에서만 번역은 진정으로 문화 간 이해와 평등한 소통의 실천이 될 수 있다.

4.6.1. 영화 제목과 간접 번역: 『North by Northwest』와 『Legends of the Fall』

간접 번역이 문화적 의미를 어떻게 바꾸고 축소시키는지를 가장 분명하게 볼 수 있는 영역 중 하나는 영화 제목이다. 외국 영화가 한국에 수입될 때, 원어에서 직접 번역하지 않고 일본어나 영어판을 중개로 삼아 제목을 정하는 경우가 많다. 이런 방식은 관행처럼 굳어져 있어 자연스러워 보이지만, 실은 원작의 상징성이나 정체성, 문화적 뉘앙스를 왜곡하거나 단순화할 위험이 크다.

히치콕 감독의 『North by Northwest』는 이런 간접 번역의 문제를 상징적으로 보여주는 대표 사례다. 원제는 실제로 존재하지 않는 방향을 의미하며, 주인공의 혼란과 정체성 붕괴를 상징하는 동시에, 항공사 이름 'Northwest Airlines'와의 언어 유희까지 포함된 다층적 표현이다. 그러나 영어권 밖에서는 이런 상징성과 언어유희가 제대로 전달되지 않았다.

서유럽 국가들은 비교적 능동적으로 해석하여 의미 중심의 번역을 택했다. 프랑스는 『죽음이 뒤쫓는다(La Mort aux trousses)』, 독일은 『보이지 않는 제3자(Der unsichtbare Dritte)』, 스페인은 『죽음이 발뒤꿈치에 있다(Con la muerte en los talones)』로 각각 영화의 장르나 주제적 긴장감을 드러냈다. 원제의 형식은 포기했지만, 해석적 재구성과 문화 번안을 통해 메시지를 새롭게 구성한 것이다.

반면, 동아시아의 번역은 간접 번역에 따른 '형식적 직역'의 전형을 보여준다. 일본은 『北北西に進路を取れ(북북서로 진로를 정하라)』, 한국은 이를 그대로 옮긴 『북북서로 진로를 돌려라』를 사용했다. 중국 본토는 『西北偏北』, 홍콩은 『北西偏北』처럼, 모두 존재하지 않는 방향을 실존 지시처럼 오역했다. 이는 원작의 은유적 함의와 언어 유희가 간접 번역 경로에서 탈락하거나 오해된 결과이며, 중개 언어를 맹목적으로 따라간 사례라 할 수 있다.

이런 경향은 동유럽과 아랍권에서도 유사하게 나타난다. 폴란드의

『북쪽에서 북서쪽을 향해(Północ przez północny zachód)』, 헝가리의 『북북서(Észak-északnyugat)』, 러시아의 『북북서 방향으로(К северо-северо-западу)』, 아랍권의 『북서보다 더 북쪽으로(إلى الشمال عن الشمال الغربي)』처럼 모두가 형식에만 충실한 방위 번역으로 의미를 단순화했다. 이 역시 중간 언어의 영향력 아래 원제의 상징성과 창의성이 소거된 결과라 할 수 있다.

브래드 피트 주연의 『Legends of the Fall』도 비슷한 구조의 간접 번역 문제를 드러낸다. 이 제목에서 'Fall'은 단순히 계절로서의 가을이 아니라, 인간의 몰락, 시대의 해체, 가족의 붕괴 같은 복합적 상징을 내포한다. 원제는 바로 이 다의성과 상징성에 기대어 인간 삶의 비극성을 시적으로 표현한 것이다.

프랑스는 『Légendes d'automne(가을의 전설들)』로 원형 구조를 유지했지만, 'automne'이 주는 계절 중심 의미로 인해 상징성이 희석되었다. 독일과 스페인은 『열정의 전설』(Legenden der Leidenschaft, Leyendas de pasión)로 제목을 바꾸며, 감성과 관계 중심의 드라마적 해석을 덧붙였다. 이들은 모두 원제를 해석적으로 변형한 의역 전략이라 할 수 있다.

그러나 한국의 『가을의 전설』은 일본어 『秋の伝説』을 거의 그대로 직역한 것으로 보인다. 이 과정에서 'Legends'의 복수형은 단수화되었고, 'Fall'의 다양한 의미는 오직 '계절'로 환원되었다. 그 결과 이 영화는 멜로 감성이 강조된 계절 드라마처럼 인식되기 쉬워졌다. 이는

일본어판이라는 간접 번역 경로에 지나치게 의존한 결과로, 해석의 능동성보다는 전달 경로의 수동성이 더 강하게 작동한 사례다.

중국어권 역시 간접 번역 혹은 자국 내 문화 전략에 따라 다양한 번역을 택했다. 중국 본토에서는 『燃情岁月(타오르는 감정의 세월)』처럼 감정과 시간의 흐름을 강조했고, 홍콩은 『真情年代(진심의 시대)』로 인간관계의 진정성과 시대성을 부각시켰다. 반면 대만은 『秋日傳奇(가을날의 전설)』이라는 제목을 사용해 일본 및 한국과 유사한 계절 이미지 중심의 번역 경향을 보였다.

이처럼 국가별 번역은 각기 다른 문화 전략과 언어 감수성 위에서 이루어지지만, 간접 번역을 통한 전달 구조에서는 공통적으로 의미의 단순화, 상징성의 탈락, 창의적 해석의 결여라는 문제가 반복된다. 특히 일본어나 영어 같은 중개 언어가 '의미 필터'처럼 기능하면서, 번역 대상 언어는 점점 더 해석 주권을 잃고 수동적 소비자로 전락하기 쉬워진다.

결국 『North by Northwest』와 『Legends of the Fall』의 번역 사례는 간접 번역이 단지 경로의 문제가 아니라, 문화 간 권력 구조와 해석의 주도권이 어디에 있는지를 드러내는 지표라는 점을 잘 보여준다. 번역은 단순히 언어를 바꾸는 일이 아니라, 문화와 세계를 어떻게 읽고 보여줄 것인가를 결정하는 해석의 행위이기 때문이다.

4.6.2. 영어 중심 간접 번역: 『채식주의자』를 중심으로

간접 번역이 이루어지면, 원작에 담긴 섬세한 감성 표현이나 분위기, 언어의 리듬이 중간 언어를 거치면서 바뀌거나 사라질 위험이 크다. 한강의 『채식주의자』는 그 대표적인 사례로 자주 언급된다. 이 작품의 영어판 The Vegetarian은 2016년 맨부커 인터내셔널상을 수상하며 세계적 주목을 받았지만, 정작 한국에서는 번역 방식에 대한 여러 비판이 제기되었다. 가장 두드러진 지적은 원문의 절제된 문체와 여백의 미학이 영어 번역에서 감정적으로 과장되고 해석적으로 재구성되었다는 점이다.

예를 들어, "그녀는 아무 말 없이 문을 닫았다"는 원문의 문장은 영어판에서 "She closed the door with a strange calm(그녀는 이상하리만큼 차분하게 문을 닫았다)"처럼 감정을 덧붙인 문장으로 바뀌었다. 이처럼 중간 언어에서 덧붙인 해석이 원작의 분위기를 바꾸게 되면, 이후 영어판을 바탕으로 다시 다른 언어로 번역될 경우 그 왜곡은 더 커질 수밖에 없다.

더 큰 문제는 이 작품이 단순한 감성의 서사가 아니라, 여성의 몸, 침묵, 가족 내 폭력처럼 민감한 주제를 다루고 있다는 점이다. 따라서 번역에서의 작은 어긋남도 전체 메시지의 방향을 달라지게 만들 수 있다. 실제로 영어판에는 '체모(pubic hair)'를 'body hair'로 바꾸거나, '춘화(春畵, pornography)'를 'spring flowers'로 오역한 사례도 존재한다. 이런 오역은 단어 차원의 실수로 보이기 쉽지만, 그 속에는 문화적 감수성의 차이와 번역 관점의 문제가 숨어 있다.

김욱동 교수는 Translation Review (2018)에서 이 번역을 "창의적인 번역"으로 평가하면서도, 원작의 정서와 언어 감각이 영어 중심의 해석 체계에 따라 재구성되었다는 점에서 간접 번역의 구조적 문제를 분명히 지적한다.[23]

이처럼 문학 작품처럼 표현이 섬세하고 맥락이 중요한 장르일수록, 번역자는 단어 하나, 문장 구조 하나에도 세심하게 접근해야 하며, 간접 번역 구조에서 오는 해석 왜곡 가능성에 각별히 주의해야 한다.

『채식주의자』 사례는 단지 한 권의 번역 문제를 넘어서, 한국 문학이 세계로 확산되는 과정에서 번역 권력의 비대칭 구조가 어떻게 작동하는지를 보여준다. 영어가 '관문 언어(gatekeeper language)'로 기능하면서, 원작과 멀어진 번역이 다른 언어권 번역까지 지배하게 되고, 그 과정에서 작가의 표현 의도와 한국 문화의 맥락은 점점 흐려진다.

이와 유사한 구조는 다른 문화권의 사례에서도 반복된다. 예를 들어 아랍어 문학의 거장 나기브 마흐푸즈의 작품들은 대부분 영어판을 중간 언어로 삼아 번역되었고, 그 과정에서 이슬람 문화, 지역 방언, 서민의 감성 같은 정서적 요소들이 많이 생략되었다. 러시아 문학도 예외는 아니다. 도스토옙스키의 『죄와 벌』, 『카라마조프가의 형제들』

23 Kim, Wook-Dong. 2018. "The 'Creative' English Translation of *The Vegetarian* by Han Kang." *Translation Review* 100 (1): 65-80.

등은 과거 한국에서 영어 중역판을 기반으로 소개된 경우가 많았고, 그 결과 러시아 특유의 긴 문장 구조, 도덕적 긴장, 종교적 정서는 영어 번역 과정에서 이미 단순화되었으며, 한국어판도 그 평탄화된 버전을 따라가게 되었다.

이러한 사례들은 모두 간접 번역이 단지 효율성과 실용성의 문제가 아니라, 문학적 정체성과 문화적 의미를 누가 어떻게 해석하고 재구성하느냐의 문제, 즉 해석 권력의 문제임을 분명히 보여준다.

이 구조는 문학에만 머물지 않는다. 철학 번역에서도 영어 중심 간접 번역이 가져오는 문제는 뚜렷하게 나타난다. 대표적인 예가 독일 철학자 위르겐 하버마스의 『의사소통 행위 이론』(Theorie des kommunikativen Handelns)이다. 이 책은 독일어로 쓰였지만, 한국에서 번역된 여러 판본은 영어판(예: The Theory of Communicative Action)을 중개로 삼아 옮겨졌다. 그 결과 'Lebenswelt(생활세계)', 'Verständigung(상호이해)', 'Geltungsanspruch(타당성 주장)' 같은 개념들이 일관되지 않게 번역되었고, 맥락 없이 단어 그대로 옮기거나, 영어 번역에 따라 축소된 의미만 반영된 경우가 많았다. 철학적 개념이 지닌 문화적 깊이와 사상적 연결 구조가 영어판 해석에 종속된 채 왜곡되거나 약화된 것이다.

이와 유사하게, 하이데거의 Dasein(현존재), 니체의 Umwertung aller Werte(모든 가치의 전도), 칸트의 Vernunft(이성) 역시 영어판에서 철학적 함축이 평면화된 상태로 유통되는 경우가 많다.

결국, 간접 번역은 단지 하나의 언어에서 다른 언어로 옮기는 과정이 아니라, 누가 어떤 시각으로 해석했는지를 따라 의미가 구성되는 정치적 구조다. 영어가 글로벌 표준 언어처럼 기능하게 되면서, 원작 문화의 시각과 정체성은 영어 중심 해석에 맞춰 조정되거나 지워지기 쉽다. 문학, 철학 등 정서와 개념의 뉘앙스가 핵심인 분야일수록, 간접 번역은 단순한 효율성의 문제가 아니라 해석의 편향성과 권력의 불균형 문제로 이어질 수밖에 없다.

4.6.3. 영어 중심 간접 번역: 성경을 중심으로

문학이나 철학 분야와 더불어 종교 분야에서도 간접 번역의 문제는 반복된다. 종교 문헌, 특히 성경처럼 믿음과 해석이 직결된 텍스트에서는 간접 번역의 문제가 더 크게 드러난다. 한국어 성경의 초기 번역을 보면, 대부분 히브리어나 헬라어 원문이 아닌 영어 성경(KJV, RSV, NIV 등)을 중간 언어로 삼았다. 19세기 말, 성경이 처음 한국에 들어올 당시에는 원어에 대한 학문적 기반이 부족했기 때문에, 선교사들은 자연스럽게 영어판을 기준으로 삼았고, 그 틀을 따라 한글 성경을 만들었다.

대표적인 사례 중 하나는 요한복음에서 자주 등장하는 'only begotten Son'(독생자)이라는 표현이다. 이는 헬라어 monogenēs huios의 번역인데, 본래 의미는 '유일한 존재', 혹은 '독특한 존재'에 가깝다. 하지만 영어 성경에서 'begotten'이라는 표현을 쓰면서, '하나님이 낳으신 유일한 아들'이라는 식의 존재론적 위계가 강조되었고, 한국어에서는 '독생자'라는 표현으로 굳어졌다. 이처럼 영어 성경에 담긴 해석의 방향이 한국어 번역에도 그대로 반영되면서, 원문이 가지는 다양하고 열려 있는 해석 가능성은 점점 사라지게 된 것이다.

도올 김용옥은 지금까지의 한국어 성경 번역이 대부분 서구 언어(특히 영어)를 중개로 삼은 간접 번역의 결과였다고 지적한다. 이는 단지 번역 경로의 문제가 아니라, 성경 속 핵심 개념들이 본래의 의미와 철학적 깊이를 잃고 단순화되는 구조적 원인이 된다는 것이다.[24]

예를 들어, 요한복음 1장 1절의 "태초에 말씀이 계시니라"에서 '말씀'은 헬라어 logos의 번역이다. Logos는 본래 '말'이나 '언어'뿐 아니라 '이성', '이치', '우주의 질서'를 의미하는 철학적 용어다. 하지만 영어 성경에서는 이를 대부분 "the Word"로 번역했고, 한국어 성경은 이를 다시 '말씀'으로 옮겼다. 도올은 이 번역이 logos의 철학적 깊이를 잃고 단순히 말하는 행위나 기록된 문장처럼 오해되게 만든다고 비판한다. 그는 동양 사유 전통에서는 logos에 해당하는 말로 '도(道)'가 더 적절하며, "태초에 도가 있었다"고 번역해야 logos가 담고 있던 존재론적 의미와 우주 질서로서의 원리가 살아난다고 본다.

또한 '하나님'이라는 번역도 문제 삼는다. 원래 히브리어로는 Elohim이나 YHWH(야훼)를 사용하며, 영어에서는 보통 "God"로

24 도올 김용옥. 2012.『도올의 성경이야기: 요한복음 상』. 서울: 통나무.
도올 김용옥. 2013.『도올의 성경이야기: 요한복음 하』. 서울: 통나무.

번역된다. 한국어 성경은 이를 '하나님'으로 옮겼는데, 이는 개신교 전통에서 유일신 개념을 강조하기 위해 만들어진 표현이다. 도올은 '하나님'이라는 말이 서구의 신(神) 개념을 그대로 반영한 것이며, 오히려 한국어 고유의 '하느님'이 더 포괄적이고 문화적으로 적절한 표현이라고 본다. 하지만 대부분의 한국어 성경은 영어 표현인 "God"을 그대로 따라갔고, 한자문화권의 신 개념이나 종교 감수성은 반영되지 않았다.

'죄(Sin)' 역시 오해된 개념 중 하나다. 히브리어 chatta't는 본래 '과녁을 벗어남'을 뜻하며, 이는 인간이 삶의 방향을 잃고 자기 존재와 멀어지는 상태를 의미한다. 그러나 영어 성경에서는 sin을 도덕적 범죄나 율법 위반의 의미로 번역했고, 한국어 성경은 이를 다시 형벌적·윤리적 죄로 받아들였다. 그 결과, 실존적 의미나 관계적 파열의 감각은 사라지고, '죄'는 법적으로 처벌받아야 하는 행위처럼 인식되게 되었다.

'구원(Salvation)'도 마찬가지다. 헬라어 sōtēria는 '치유, 회복, 온전함'을 뜻하지만, 영어에서는 이를 대부분 "salvation"으로 번역해 사후에 천국에 가는 개념으로 굳어졌다. 한국어 성경도 이를 '구원'으로 번역하면서 현재적 삶의 전환과 회복이라는 의미보다는, 죽은 후에 받는 보상처럼 축소된 의미만 남게 되었다.

이처럼 많은 개념들이 히브리어·헬라어 → 영어 → 한국어로 이어지는 번역 구조 속에서 철학적·존재론적 함의가 누락되거나, 서구 신학에 맞게 재해석된 결과로 왜곡되었다. 도올은 이것이 바로 간접 번역의 본질적 위험이라고 말한다. 즉, 번역이 단지 언어를 바꾸는 기술이 아니라, 어떤 시각에서 누구의 의미를 전달하느냐를 결정하는 해석의 정치이자 문화의 선택이라는 것이다.

그는 성경 번역이 단지 문장을 바꾸는 작업이 아니라, 동양과 서양의 사유 구조가 만나는 해석의 장이 되어야 한다고 말한다. 그리고 번역자는 그 사이에서 단순한 중개자가 아닌, 문화와 세계관을 잇는 해석자가 되어야 한다고 강조한다.

이 과정에서 단어의 어감이나 신학 개념이 영어식으로 해석되었고, 그 결과는 오늘날까지도 한국 기독교 신자들의 성경 이해와 교리 해석에 영향을 주고 있다. 단순히 성경을 번역한 것이 아니라, 영어식 신학이 한국 교회 언어의 기반이 되어버린 셈이다.

이러한 간접 번역의 문제는 다음과 같은 구조적인 문제로 이어진다:

- 의미 축소와 개념 고정화: 원문에 있던 다양한 의미가 한 단어로 고정되면서, 신학적 사고의 폭이 좁아진다.
- 해석의 제국성: 영어권에서 정립된 신학 해석 체계가 한국 기독교의 담론 구조를 선점한다.
- 신학적 종속성: 한국어로 성경을 읽고 있음에도 불구하고, 그 해석 주체는 사실상 영어권 번역자에게 넘겨진다.

물론 최근에는 대한성서공회를 중심으로 히브리어와 헬라어 원문에 기반한 직접 번역이 점점 더 이루어지고 있고, 주석 성경이나 다양한 비교 번역본도 꾸준히 출간되고 있다.[25] 하지만 영어 중역 기반으로 형성된 초기 한국어 성경의 영향은 지금까지도 찬송가, 교리 문서, 설교문 등 다양한 교회 언어에서 깊이 남아 있다.

결국 성경과 같은 종교 문헌은 단지 한 언어에서 다른 언어로 옮기는 문제가 아니다. 그것은 해석의 권한이 누구에게 있는가, 신앙의 정체성이 어떻게 만들어지는가와 직결된 문제다. 그렇기 때문에 간접 번역이 불가피한 상황이라면, 그 번역 경로와 해석상의 제한점을 서문이나 주석을 통해 독자에게 명확히 안내해야 하며, 독자도 단순히 '성경 말씀'이라는 절대적 언어로 받아들이기보다는, 그것이 어떤 번역 과정을 거쳐 만들어진 것인지에 대해 비판적으로 읽을 수 있는 자세가 필요하다.

결국 간접 번역은 단지 문장을 두 번 옮기는 문제가 아니다. 그것은 의미를 두 번 해석하는 일이며, 누구의 관점으로 무엇을 말할 것인가를 결정하는 행위다. 특히 영어가 세계 콘텐츠 유통의 중심 언어가 되면서, 많은 비영어권 문화들이 영어라는 필터를 통과해야만 세계와 소통할 수 있는 구조에 놓이게 되었다. 이 구조 속에서 원작의 의미는 점점 흐려지고, 영어 중심의 시각이 각 문화에 '번역된 형태'로 퍼져 나가는 것이다.

---

25 한국기독교성서공회. 1998. 『개역개정 성경전서』. 서울: 대한성서공회.

그래서 간접 번역을 다룰 때는 단순한 기술 문제로만 보면 안 된다. 번역은 하나의 문화적 실천이자 윤리적 책임이다. 특히 간접 번역이 불가피한 경우에는, 번역자가 어떤 언어를 중간에 거쳤는지, 그 중간 언어에서 어떤 표현이 생략되거나 바뀌었는지를 독자에게 투명하게 밝히는 태도가 필요하다.

또한 독자들도 번역된 책이나 영화 제목을 그냥 받아들이기보다는, 그 번역이 어떤 경로를 거쳐 여기까지 왔는지를 비판적으로 바라보는 감수성을 가져야 한다. 그래야만 우리는 번역이라는 행위가 단지 말을 바꾸는 일이 아니라, 문화와 세계를 어떻게 바라볼 것인가를 결정하는 해석의 권력이라는 점을 이해할 수 있다.

4.6.4. 요약: 간접 번역 — 두 번 해석된 언어 속 문화와 권력

우리가 읽는 책이나 영화 자막, 제목 같은 번역물 중에는 원작 언어에서 직접 옮긴 것이 아닌 경우가 많다. 특히 영어 같은 제3의 언어를 중간에 거쳐 번역되는 일이 흔한데, 이런 방식을 '간접 번역'이라고 부른다. 예를 들어 프랑스어 책을 먼저 영어로 번역하고, 그 영어판을 다시 한국어로 옮기는 식이다.

이런 방식은 번역자가 원어를 모를 때나 번역을 빠르게 처리해야 할 때는 현실적인 대안이 되기도 한다. 하지만 문제는, 원작의 감성, 문화, 뉘앙스가 중간 언어에서 한 번, 최종 언어에서 또 한 번 해석되면서, 원래의 의미가 흐려지거나 아예 바뀔 수도 있다는 데 있다.

영어는 지금 전 세계 콘텐츠 유통에서 중심 언어로 자리 잡고 있다. 그래서 많은 나라에서 영어판을 기준으로 번역을 다시 하게 되고, 그 결과 영어에 맞춘 해석이 전 세계에 퍼지게 된다. 이렇게 되면 원작자의 목소리보다는 영어권 번역자의 해석이 더 큰 힘을 갖게 되는 구조가 만들어진다.

이 절에서는 영화, 문학, 철학, 종교 텍스트의 사례를 통해 간접 번역이 초래하는 문제를 살펴보았다. 히치콕 영화의 상징적 제목이 단순한 지시어로 평면화된 사례, 한강의 『채식주의자』가 영어판을 거치며 감정선과 젠더 감수성이 재구성된 사례, 하버마스의 개념어가 영어 중역판을 통해 축소된 사례, 성경 번역에서 '말씀(word)'이나 '죄(sin)'의 의미가 영어식 신학 체계에 종속된 사례 등은 모두, 간접 번역이 언어의 문제가 아니라 해석의 주체와 권력의 문제임을 보여준다.

결국 간접 번역은 '말을 두 번 바꾸는 일'이 아니라, '시선을 두 번 조정하는 일'이다. 번역자는 자신이 어떤 언어를 경유했는지를 투명하게 밝힐 윤리적 책임이 있으며, 독자 또한 자신이 읽는 번역이 어떤 해석 과정을 거쳤는지를 비판적으로 인식해야 한다. 그럴 때에만 번역은 단순한 정보의 매개가 아니라, 언어·문화·권력의 관계를 성찰하고 서로 다른 세계를 잇는 해석의 실천이 될 수 있다.

4.7. 결론:
제목 번역은 문화 정치다

이 장에서 살펴본 영화 제목 번역은 단순히 외국어를 우리말로 바꾸는 기술적 행위가 아니었다. 그것은 언어를 매개로 서로 다른 문화가 만나는 교차점이자 해석의 장이며,

어떤 감정을 어떻게 조율하고, 어떤 의미를 사회에 남길지를 결정하는 문화적·정치적 실천이었다.

번역은 언제나 선택의 문제다. 어떤 단어를 남기고 어떤 표현을 버릴 것인가, 어떤 정서를 강화하고 어떤 문화적 요소를 완화할 것인가—이 선택의 방향은 단순한 미학이 아니라, 정체성과 권력의 배분을 결정하는 해석의 윤리와 연결된다. 말하자면, 번역은 곧 해석이며, 해석은 문화와 권력의 선택이다.

이 장에서는 음역과 의역, 직역과 현지화, 원제 보존과 재창조, 그리고 간접 번역의 구조적 문제까지 살펴보았다. 그 결과, 영화 제목은 단순히 '무슨 영화인지 알려주는 이름'이 아니라, 언어·감성·장르·시장·이데올로기가 교차하는 문화적 기호라는 사실이 드러났다.

한국, 일본, 중국의 번역 전략 비교는 이 점을 잘 보여준다. 한국은 감성과 브랜드 이미지를 동시에 고려하는 혼합형 전략, 일본은 원음 보존과 안정성을 중시하는 음역 중심 전략, 중국은 의미를 과감히 재구성하여 감성적 몰입을 극대화하는 창의적 재해석 전략을 택한다.

『본 시리즈』나 『미션 임파서블』처럼 세계적으로 통용되는 브랜드 영화의 경우, 글로벌 일관성을 유지하려는 전략이 때로는 현지 관객의 의미 이해를 희생시키기도 한다. 한편, 『북북서로 진로를 돌려라』나 한강의 『채식주의자』처럼 어느 특정 언어판을 거쳐 다른 언어로 옮겨진 작품들은 간접 번역의 문화적 권력 구조를 보여준다. 원작의 문체와 정서가 중간 언어에서 이미 재해석되고, 그 재해석이 다시 다른 언어로 확산되면서 작가의 목소리는 점차 희미해지고, 중간 언어 중심의 해석이 세계적 표준으로 굳어진다.

이 현상은 단지 번역상의 오류나 오해가 아니라, 해석의 주체와 권력의 중심이 어디에 놓이는가를 보여주는 정치적 징후다. 이처럼 영화 제목 번역은 언어 기술의 문제가 아니라, 정체성과 감성을 구성하고, 사회적 의미를 조율하며, 문화적 권력을 재배분하는 해석의 정치적 행위다.

따라서 번역가는 단순한 전달자가 아니라, 언어와 문화 사이의 흐름을 설계하는 해석의 주체로 서야 한다. 그에게 요구되는 것은 정확성만이 아니라, 문화적 정당성, 사회적 감수성, 그리고 윤리적 책임이다.

결국 영화 제목을 어떻게 번역할 것인가는, 우리가 어떤 문화로 이야기를 받아들이고, 어떤 정체성과 감성을 우리 사회 안에 들여놓을지를 결정하는 문제다. 번역은 문화이며, 제목은 그 문화의 첫 얼굴이다. 어떤 단어를 선택하고, 어떤 의미를 지우며, 어떤 정서를 강조할 것인가는 모두 권력의 선택이자 윤리의 실천이다. 따라서 영화 제목 번역은 단지 언어의 문제가 아니라, 언어가 문화를 구성하고, 문화가 권력을 드러내는 하나의 정치적 행위임을 우리는 잊지 말아야 한다.

맺음말

번역, 해석의 윤리와 문화의 정치

이 책은 번역을 단순히 외국어를 우리말로 바꾸는 기술로 보지 않았다. 번역은 해석이자 문화적 선택이며, 동시에 정치적 실천이다. 법정에서의 한 문장, 외교 문서의 한 단어, 정치 연설 속의 표현 하나, 영화 제목의 한 구절까지—모든 번역은 새로운 의미를 부여하는 순간 권력을 작동시키고, 정체성을 구성하며, 감성을 재조율한다.

1장에서는 다문화 법정에서 벌어지는 언어적 오해와 화용 충돌이 정의 실현에 미치는 영향을 살폈다. 문화적 차이로 인해 정당한 표현이 범죄로 오해될 수 있다는 사실은, 번역이 단순한 언어 대응이 아니라 윤리적 책임이 따르는 중재 행위임을 보여준다.

2장에서는 유엔과 외교 문서 번역을 분석하며, 누가 해석 주체가 되고 어떤 표현이 제도적으로 반복·고정되는지를 살폈다. 외교적 언어는 단순한 의사소통이 아니라 국가의 정당성과 외교적 위상을 구성하는 수단이라는 점이 드러났다.

3장에서는 '자유', '공화국', '자주', '민주주의' 같은 정치 핵심어가 번역과 반복을 거치며 이데올로기를 내포하거나 정당화하는 신화적 언어로 변모하는 과정을 추적했다. 번역은 곧 세계를 해석하는 틀을 다시 짜는 작업이 된다.

4장에서는 영화 제목 번역을 통해 일상적 차원에서도 번역 전략이 문화 수용과 해석 방식에 미치는 영향을 살폈다. 음역과 의역, 고유명사 일반화, 간접 번역의 함정 등은 모두 감성·장르·사회적 맥락과 맞물린 문화적 실천의 사례였다.

이처럼 번역은 언제나 권력 관계 속에서 이루어지는 해석이며, 그 결과 현실 인식과 여론, 감정 지형이 재구성된다. "번역은 단어를 바꾸는 일이 아니라, 세계를 어떻게 해석하고 누구의 언어를 공적 의미로 수용할지를 결정하는 행위"라는 점이 이 책의 핵심이다.

따라서 번역에는 언어 능력뿐 아니라 윤리적 감수성, 문화적 자각, 정치적 성찰이 필요하다. 번역가는 더 이상 투명한 중립자가 아니라, 의미를 선택하고 그 선택에 책임지는 행위자다.

다언어 사회와 글로벌 콘텐츠 시대에 번역은 언어 정의, 담론 윤리, 정체성 정치의 최전선에 있다. 어떤 언어를 번역하고 어떤 언어를 배제하느냐에 따라 우리가 세계를 이해하는 틀 자체가 달라진다.

총론에서 출발했던 질문—말은 어떻게 세계를 바꾸는가—는 여기서 다시 되묻는다. 언어의 표면 너머에 작동하는 권력과 감성을 읽어내고, 번역이 만들어내는 보이지 않는 파장을 해석하는 것은 이제 독자의 몫이다.

이 책은 마지막으로 조용히 묻는다.
이 문장은 누구의 언어인가?
그 해석은 누구의 세계인가?

Epilogue: The Ethics of Translation

Translation is never only about words. It is about how we listen, interpret, and choose what deserves to be heard. Every act of translation reshapes meaning and quietly rearranges power. A phrase in a courtroom, a line in a treaty, or a film title on a poster—each becomes a new world of interpretation. Through these small acts, justice can shift, memory can change, and emotions can take on new colors. To translate is to decide: whose voice will remain, and whose silence will continue. It asks not only for accuracy, but for empathy and moral awareness. In this sense, translation is a form of responsibility—an ethics of understanding that binds language and life together.

번역의 정치학과 감성학

1판 1쇄 인쇄_2025년 11월 5일
1판 1쇄 발행_2025년 11월 15일

지은이_안희돈
펴낸이_홍정표
펴낸곳_글로벌콘텐츠
등록_제25100-2008-000024호

공급처_(주)글로벌콘텐츠출판그룹
대표_홍정표 이사_김미미 편집_백찬미 강민욱 남혜인 홍명지 권군오 기획·마케팅_이종훈 홍민지
주소_서울특별시 강동구 풍성로 87-6
전화_02) 488-3280 팩스_02) 488-3281
홈페이지_http://www.gcbook.co.kr
이메일_edit@gcbook.co.kr

값 25,000원
ISBN 979-11-5852-610-8 93700